Checklist

Checklist
COMO FAZER AS COISAS BEM-FEITAS

ATUL GAWANDE

Título original: *The Checklist Manifesto*
Copyright © 2009 por Atul Gawande
Copyright da tradução © 2011 por GMT Editores Ltda.

Todos os direitos reservados. Nenhuma parte deste livro pode ser utilizada ou reproduzida sob quaisquer meios existentes sem autorização por escrito dos editores.

tradução: Afonso Celso da Cunha Serra
preparo de originais: Melissa Lopes Leite
revisão: Jean Marcel Montassier, Luis Américo Costa e Tereza da Rocha
diagramação: Ana Paula Daudt Brandão
capa: DuatDesign
impressão e acabamento: Bartira Gráfica

CIP-BRASIL. CATALOGAÇÃO NA PUBLICAÇÃO
SINDICATO NACIONAL DOS EDITORES DE LIVROS, RJ

G246c
    Gawande, Atul
        Checklist / Atul Gawande ; tradução Afonso Celso da Cunha Serra. Rio de Janeiro : Sextante, 2023.
        224 p. ; 21 cm.

        Tradução de: The checklist manifesto
        ISBN 978-65-5564-561-3

        1. Cuidados médicos - Controle de qualidade. 2. Listas. 3. Competências clínicas. I. Serra, Afonso Celso da Cunha. II. Título.

22-80868   CDD: 610.28
                             CDU: 006.015.5:61

Gabriela Faray Ferreira Lopes - Bibliotecária - CRB-7/6643

Todos os direitos reservados, no Brasil, por
GMT Editores Ltda.
Rua Voluntários da Pátria, 45 – Gr. 1.404 – Botafogo
22270-000 – Rio de Janeiro – RJ
Tel.: (21) 2538-4100 – Fax: (21) 2286-9244
E-mail: atendimento@sextante.com.br
www.sextante.com.br

Para Hunter, Hattie e Walker

Sumário

Introdução 9

1. O problema da complexidade extrema 23
2. O checklist 41
3. O fim do mestre de obras 57
4. A ideia 81
5. A primeira tentativa 95
6. A fábrica de checklists 123
7. O teste 145
8. O herói na era dos checklists 169
9. A salvação 199

Agradecimentos 207
Notas 211

Introdução

Outro dia encontrei um colega da faculdade de medicina que hoje é cirurgião geral em São Francisco e compartilhamos "histórias de guerra", como os cirurgiões costumam fazer. Um dos casos mais incríveis de John era o de um homem que chegara ao hospital com um ferimento à faca na noite de Halloween. Ele tinha arrumado briga numa festa à fantasia.

O paciente parecia estável, respirava normalmente e não sentia dor, só estava bêbado e resmungava palavras incompreensíveis. A equipe da emergência cortou as roupas dele e o examinou da cabeça aos pés. O homem tinha estatura mediana, pesava cerca de 90 quilos e apresentava acúmulo de gordura em torno do abdômen. E foi lá que encontraram o ferimento à faca, um corte escancarado de mais ou menos 5 centímetros com uma faixa de gordura que se projetava da abertura – um tecido do interior do abdômen, não a gordura amarelo-clara que se situa logo abaixo da pele. Eles precisavam levá-lo para a sala de cirurgia, verificar se o intestino havia sido atingido e suturar o corte.

Nada de muito sério, segundo John. Se fosse um ferimento grave, ele teria sido conduzido às pressas para o centro cirúrgico, onde haveria uma corrida de enfermeiros e anestesistas. Mas aquele não era um caso de vida ou morte. Eles achavam que tinham tempo. Com isso, o paciente ficou deitado na maca no saguão da ala de emergência enquanto a sala de cirurgia era preparada.

Em dado momento, uma enfermeira notou que ele parara de falar. Os batimentos cardíacos haviam disparado. Os olhos se deslocaram para dentro das órbitas. Ao ser sacudido, não esboçou reação. Ela pediu ajuda e os membros da equipe da emergência voltaram correndo. A pressão arterial estava pouco perceptível. Entubaram o paciente e bombearam ar em seus pulmões, injetaram medicamentos nas veias e fizeram uma transfusão de sangue. Mesmo assim, não conseguiram aumentar a pressão arterial.

E, de repente, o quadro tornou-se urgente, com enfermeiros correndo em busca de instrumentos, anestesistas avaliando o risco cirúrgico e residentes fazendo às pressas a assepsia da barriga. John abriu uma longa incisão no abdômen, da caixa torácica ao púbis.

Ele deslizou o bisturi elétrico ao longo da camada de gordura abaixo da pele e aprofundou o corte pela bainha branca fibrosa da fáscia, entre os músculos abdominais. Por fim, abriu caminho até a cavidade abdominal, e, de repente, um mar de sangue jorrou das entranhas do paciente.

Havia sangue por toda parte. A faca do agressor percorrera, internamente, mais de 30 centímetros, perfurando a camada de gordura, de músculo, passando pelo intestino, ao longo do lado esquerdo da coluna vertebral, chegando direto à aorta, a principal artéria que sai do coração.

Outro cirurgião se juntou à equipe e pressionou a aorta acima da ruptura; com isso, estancou o pior da hemorragia e possibilitou que a equipe assumisse o controle da situação. O colega de John disse que jamais vira um ferimento como aquele desde a Guerra do Vietnã.

A descrição se aproximou muito da realidade, como se constatou depois. O homem que agrediu aquele paciente estava fantasiado de soldado e portava uma baioneta de verdade.

O paciente ficou entre a vida e a morte durante uns dois dias.

Mas sobreviveu. John ainda balança a cabeça, impressionado, quando fala desse caso.

Mil coisas podem dar errado quando um paciente esfaqueado dá entrada na emergência. Mas, naquele dia, todo mundo fez quase tudo certo – o exame da cabeça aos pés, o monitoramento cuidadoso da pressão, do pulso e da frequência respiratória, o acompanhamento do estado de consciência, as injeções intravenosas, o pedido de sangue para transfusão, a instalação de cateter urinário para garantir o fluxo contínuo de urina, tudo. Mas ninguém se lembrou de perguntar ao paciente ou aos paramédicos da ambulância que arma provocara o ferimento.

"Ninguém em São Francisco iria imaginar que a arma fosse uma baioneta", comentou John, ainda perplexo.

Em outra de suas histórias, um paciente estava sendo operado para remover um câncer de estômago quando seu coração parou de repente. John se lembra de ter olhado para o monitor cardíaco e de ter dito ao anestesista: "Ei, isso é uma assistolia?"

Assistolia é a parada cardíaca. Aparece na tela como uma linha horizontal reta, sem picos ou vales, como se o monitor não estivesse conectado ao paciente.

O anestesista respondeu: "Algum cabo deve ter se soltado." Isso porque parecia impossível que o coração do paciente tivesse parado. O homem tinha quase 50 anos e gozava de boa saúde. O tumor fora descoberto quase que por acaso. Ele havia ido ao médico por causa de uma tosse persistente e mencionou que também vinha sentindo algo semelhante a azia. Ele tinha a impressão de que, às vezes, a comida ficava presa em seu esôfago e isso lhe dava uma sensação de queimação. O médico pediu um exame de ressonância magnética e acabou descobrindo o tumor: uma massa carnosa do tamanho de uma laranja, perto da parede superior do estômago, que pressionava intermitentemente a entrada do órgão. Fora identificado logo no começo e não havia sinal de metástase. O único tratamento conhecido era a cirurgia, no caso, uma gastrectomia total, intervenção de grande porte com duração de quatro horas para remoção completa do estômago.

A equipe estava na metade do procedimento. O câncer já fora removido. Não havia qualquer problema. Eles se preparavam para reconstruir o trato digestivo do paciente quando a linha de batimentos cardíacos no monitor ficou plana, sem altos e baixos. Levaram menos de cinco segundos para descobrir que nenhum fio se soltara. O anestesista não sentiu pulso algum na artéria carótida do paciente. O coração de fato havia parado.

John rasgou os panos cirúrgicos sobre o paciente e começou a massagem cardíaca. Uma enfermeira acionou o Código Azul, que indica parada cardiorrespiratória.

John fez uma breve pausa em seu relato e pediu que eu me imaginasse naquela situação. "E então, o que você faria?", perguntou ele.

Tentei avaliar o quadro e refletir. A assistolia aconteceu durante uma cirurgia importante. Portanto, a grande perda de sangue estaria no topo de minha lista de possíveis causas.

"Eu faria um exame minucioso em busca de uma hemorragia", respondi. Foi o que o anestesista sugeriu também. Mas o abdômen do paciente estava totalmente aberto. Não havia hemorragia.

"O anestesista simplesmente não aceitava minha avaliação", prosseguiu John. "Ele ficava repetindo: 'Deve haver uma grande hemorragia! Ele só pode estar perdendo muito sangue!' Mas não era nada disso."

Outra possibilidade era falta de oxigênio. Acrescentei que daria oxigênio a 100% e verificaria as vias respiratórias. Também coletaria amostras de sangue e as enviaria para o laboratório, para eliminar alguns distúrbios incomuns.

John contou que também haviam pensado nisso. As vias respiratórias estavam normais. E, quanto aos exames de laboratório, o resultado levaria no mínimo 20 minutos, quando já seria tarde demais.

Poderia ser um colapso dos pulmões, um pneumotórax? Eles recorreram ao estetoscópio e ouviram a movimentação de ar em ambos os lados do tórax. Não era isso.

Afirmei então que a causa só poderia ser uma embolia pulmonar, um coágulo sanguíneo que teria viajado para o coração do paciente, interrompendo a circulação. É raro, mas pacientes com câncer que passam por grandes cirurgias apresentam risco desse problema.

John relatou que a equipe dele chegara à mesma conclusão. Depois de 15 minutos de massagem cardíaca, a linha no monitor continuava reta, indicando inatividade cardíaca. A situação parecia irreversível. Entre os que chegaram para ajudar, porém, estava um anestesista muito experiente, que já estivera na sala quando o paciente estava sendo preparado.

Quando ele saiu, nada parecia fora do normal. Então achou que alguém devia ter feito alguma coisa errada. Por isso, perguntou ao anestesista que permanecera na sala se ele fizera algo diferente nos 15 minutos anteriores à parada cardíaca.

O anestesista mais novo revelou que o paciente apresentara baixo nível de potássio nos exames de laboratório rotineiros que lhe haviam sido enviados no começo do caso, quando todo o resto parecia bem. Por essa razão, aplicara-lhe uma dose de potássio para corrigir a deficiência.

Eu me senti mal por não ter pensado nessa hipótese. Níveis anormais de potássio são uma causa clássica de assistolia. Esse fato é mencionado em todos os compêndios. Eu não podia acreditar que não tivesse imaginado essa possibilidade. Níveis de potássio muito baixos podem parar o coração, caso em que deve ser administrada uma dose corretiva. Mas muito potássio também pode provocar paradas cardíacas – sendo uma das formas de execução da pena de morte nos Estados Unidos.

O anestesista sênior pediu para ver a bolsa de potássio que havia sido usada. Alguém a retirou da lixeira e leu a etiqueta, que fornecia a explicação. O outro anestesista usara a concentração errada de potássio, 100 vezes superior à que deveria ter sido aplicada. Em outras palavras, ele dera uma dose letal de potássio ao paciente.

Depois de tanto tempo, não se sabia se a ressuscitação seria possível. Talvez já fosse tarde demais. Porém, daquele momento em diante, eles fizeram tudo certo. Aplicaram injeções de insulina e glicose para baixar o nível tóxico de potássio. Sabendo que os medicamentos demorariam uns 15 minutos para surtir efeito, também deram cálcio intravenoso, além de doses inaladas de albuterol, uma droga que age com mais rapidez. Os níveis de potássio caíram rapidamente e o coração do paciente logo voltou a bater.

A equipe cirúrgica estava tão abalada que não se considerava apta a prosseguir com a cirurgia. Além de quase matarem o homem, também não foram capazes de descobrir a causa daquele quadro tão grave. No entanto, de alguma maneira, concluíram com êxito o procedimento. John saiu do centro cirúrgico e contou à família o que havia ocorrido. Ele e o paciente tiveram sorte. O paciente se restabeleceu, quase como se o episódio não tivesse acontecido.

As histórias que os cirurgiões contam uns aos outros geralmente tratam do choque do inesperado – a baioneta de São Francisco, a parada cardíaca quando tudo parecia bem – e, às vezes, da frustração por não terem considerado todas as possibilidades. Falamos sobre nossos grandes êxitos, mas também sobre nossos grandes fracassos. Gostamos de achar que temos tudo sob controle, mas as histórias de John me levaram a refletir sobre o que de fato está sob nosso poder e o que escapa entre nossos dedos.

Na década de 1970, os filósofos Samuel Gorovitz e Alasdair MacIntyre publicaram um breve ensaio sobre a natureza da falibilidade humana.[1] Eu o li durante minha formação como cirurgião e sempre reflito sobre ele. A pergunta que procuravam responder era por que falhamos no que nos dispomos a fazer. Segundo eles, uma explicação para isso é a "falibilidade inevitável": algumas coisas que queremos fazer simplesmente estão além de nossa capacidade. Não somos oniscientes nem onipotentes. Mesmo ampliadas pela tecnologia, nossas habilidades físicas e mentais são limitadas. Boa parte do mundo e do Universo está – e permanecerá – além de nossa compreensão e de nosso controle.

No entanto, em muitas áreas, o controle é possível. Somos capazes de construir arranha-céus, prever nevascas, salvar pessoas de ataques cardíacos e curar lesões graves. Como observam Gorovitz e MacIntyre, mesmo nessas áreas identificamos falhas humanas, não por incapacidade intrínseca, mas por duas causas evitáveis e superáveis.

A primeira é a ignorância: erramos porque a ciência nos proporciona apenas uma compreensão parcial do mundo e de seu funcionamento. Ainda não somos capazes de construir certos tipos de arranha-céus nem de prever algumas nevascas, como ainda não aprendemos a impedir algumas modalidades de ataques cardíacos. A outra causa é a inépcia – casos em que o conhecimento existe, mas não é aplicado corretamente. É o arranha-céu mal construído que desaba, a nevasca cujos sinais identificáveis não foram detectados pelo meteorologista, o ferimento provocado por uma arma específica que poderia ter sido levada em conta pelos médicos mas não foi.

Considerando os casos de John uma pequena amostra das dificuldades que enfrentamos na medicina no começo do século XXI, fiquei impressionado com a mudança nas proporções de ignorância e de inépcia como causas de fracassos. Ao longo de quase toda a história, a ignorância prevaleceu entre os seres humanos em relação a aspectos do cotidiano. Em nenhuma outra área a ignorância crassa se manifestava com mais contundência do que no tratamento das doenças. Pouco sabíamos sobre suas causas e terapias. Porém, de uns tempos para cá, principalmente nas últimas décadas, a ciência avançou o suficiente para tornar a inépcia uma causa de fracassos tão significativa quanto a ignorância.

Vejamos o caso dos ataques cardíacos. Na década de 1950, pouco sabíamos sobre prevenção e tratamento. Ignorávamos, por exemplo, o perigo representado pela pressão alta e, mesmo que tivéssemos consciência dele, não dispúnhamos de meios satisfatórios para evitá-lo. O primeiro medicamento seguro para tratar da hipertensão só foi desenvolvido e comprovado na década de 1960.[2] Tampouco conhecíamos o papel do colesterol, da genética, do fumo ou da diabetes no aumento do risco de ataques cardíacos.

Além disso, se alguém sofria um infarto, não tínhamos ideia de como tratá-lo. Dávamos morfina para a dor e, talvez, oxigênio, e prescrevíamos repouso absoluto durante semanas. Aos familiares e amigos só restava rezar e cruzar os dedos, na esperança de que a vítima sobrevivesse e voltasse para casa, onde passaria o resto de seus dias como um cardíaco inválido.

Hoje, contamos com mais de uma dezena de maneiras eficazes de reduzir a probabilidade de ataques cardíacos, como, por exemplo, controle da pressão arterial, ingestão de estatinas para reduzir o colesterol e a inflamação, acompanhamento dos níveis de açúcar no sangue, prática de exercícios físicos regulares, abstenção de fumo, além de outras recomendações dos cardiologistas em situações específicas. Para o caso de ataques cardíacos, temos todo um conjunto de terapias eficazes que podem não só salvar a vida do paciente, mas também restringir os danos ao coração: medicamentos anticoagulantes capazes de desobstruir as coronárias, cateteres que as desentopem e as mantêm abertas, e técnicas de cirurgia cardíaca que permitem o desvio dos vasos obstruídos, entre outros. Também aprendemos que, em alguns casos, todo o tratamento consiste simplesmente em deixar o paciente num leito de hospital, com prescrições de oxigênio, aspirina, estatina e medicamentos para a pressão arterial, e que, em alguns dias, o paciente estará em condições de receber alta, voltar para casa e, aos poucos, retomar sua rotina.

Porém, agora o problema que enfrentamos é a inépcia, ou, em outras palavras, a falta de habilidade ou perícia, a incapacidade de aplicar o conhecimento disponível de maneira consistente e correta. A prescrição do tratamento certo entre as diversas opções para pacientes de ataque cardíaco já é algo difícil, mesmo para profissionais qualificados e experientes. Além disso, qualquer que seja a escolha, a terapia sempre envolve complexidades e armadilhas. Estudos minuciosos demonstraram, por exemplo, que a angioplastia deve ser realizada até uma hora e meia após a chegada do paciente ao hospital. Depois disso, a taxa de sobrevivência cai abruptamente.[3] Em termos práticos, isso significa que, em 90 minutos, as equipes médicas devem realizar todos os exames nos pacientes que chegam aos centros de emergência com dores no peito, fazer o diagnóstico correto, prescrever o tratamento adequado, discutir a decisão com o paciente ou seus familiares para aprovação, verificar a existência de alergias ou de outros problemas médicos a serem considerados, preparar a sala e a equipe de cirurgia, transportar e preparar o paciente e iniciar o procedimento.

Qual é a probabilidade de que tudo isso seja feito num hospital em apenas 90 minutos? Em 2006, era inferior a 50%.[4]

No entanto, não se trata de um exemplo incomum. Falhas desse tipo são frequentes na medicina. Pesquisas mostram que pelo menos 30% dos pacientes vítimas de ataque cardíaco recebem atendimento incompleto ou inadequado dos médicos, assim como 45% dos pacientes com asma e 60% dos pacientes com pneumonia.[5] Tomar as medidas corretas tem se mostrado extremamente difícil, mesmo que os profissionais envolvidos saibam quais são.

Há algum tempo venho tentando compreender as causas de nossas maiores dificuldades e pressões na medicina. O problema não está na falta de dinheiro, nos entraves burocráticos, na ameaça de ações judiciais por erro médico nem na procrastinação dos planos de saúde – embora tudo isso agrave a situação. Trata-se, na verdade, da grande complexidade que a ciência lançou sobre nossos ombros e da enorme pressão que enfrentamos para fazer com que a promessa de boa saúde seja cumprida. E o problema não é exclusivamente dos Estados Unidos; eu o vejo em todos os lugares, em todos os continentes, seja nos países ricos ou nos países pobres. Além disso, constatei, para minha surpresa, que o desafio não se limita à medicina.

Os níveis de especialização e de sofisticação aumentaram substancialmente em quase todas as áreas da atividade humana e, como consequência, também as dificuldades para realizar todo esse potencial. Percebe-se tal fenômeno nas falhas frequentes que comprometem as previsões de furacões, tornados e outros desastres naturais. O problema também é comum no desenvolvimento de softwares, nas áreas de espionagem e inteligência internacional e nos serviços bancários – na verdade, em quase todos os empreendimentos humanos que exigem o domínio de conhecimentos complexos e grande acúmulo de informações.

Essas falhas envolvem aspectos emocionais que parecem obscurecer nosso raciocínio. A ignorância – isto é, a falta de conhecimento – é perdoável. Caso não se disponha de conhecimento sobre a melhor atitude em determinada circunstância, ficamos satisfeitos ao ver as pessoas simplesmente fazendo o melhor possível. Porém, se o conhecimento existe e não é aplicado de maneira correta, é difícil não se sentir indignado. Como aceitar que metade dos pacientes de ataque cardíaco não é atendida a tempo? Como aceitar que dois terços das penas de morte nos Estados Unidos são revogados por instâncias superiores em consequência de erros processuais? Não foi à toa que os filósofos deram a essas falhas grosseiras o nome impiedoso de *inépcia*. As vítimas, por sua vez, preferem termos como *negligência* e *barbaridade*, para não mencionar outros mais contundentes.

Para quem executa o trabalho, porém – para quem cuida dos pacientes, acompanha os processos judiciais e, de modo geral, responde quando convocado pelo dever –, esses julgamentos parecem ignorar a extrema dificuldade de suas atividades. A cada dia aumenta mais o volume de novos conhecimentos requeridos e de novos fatores a considerar, no esforço para fazer o que é certo. Aliás, a falha em condições que envolvem complexidade ocorre, com muito mais frequência, *apesar do* esforço e não *por falta de* esforço. É por isso que na maioria das profissões a solução para esse problema não tem sido punir, mas incentivar a experiência e o treinamento.

Não se pode questionar a importância da experiência. Não basta que o cirurgião conheça todos os compêndios sobre como tratar vítimas de traumatismos e compreenda a ciência dos ferimentos profundos, dos danos que provocam, dos diferentes métodos de diagnose e tratamento, da importância de agir com rapidez. Também é preciso que saiba captar a realidade clínica, com suas nuances de timing e de continuidade. É necessário praticar para conquistar o domínio, a perícia, e para acumular a experiência indispensável ao verdadeiro sucesso.

No entanto, o mais impressionante nas histórias de John é o fato de ele estar entre os cirurgiões mais bem treinados que conheço, com mais de uma década de experiência nas linhas de frente. E esse é o padrão comum. Está comprovado que falta de qualificação não é a principal causa de dificuldades, seja na medicina ou em qualquer outra área. Longe disso. A formação e o treinamento são hoje, em todos os campos, mais prolongados e mais intensos do que nunca. Durante muitos anos, os profissionais passam 60, 70, até 80 horas por semana construindo sua base de conhecimento e experiência antes de iniciarem a prática de suas profissões, não importa se são médicos, professores, advogados ou engenheiros. Trata-se de pessoas que buscaram o aperfeiçoamento. É difícil pensar que seja possível produzir ainda mais expertise. No entanto, as falhas ainda são frequentes. Elas persistem, não obstante as notáveis qualificações individuais.

Eis, portanto, nossa situação no começo do século XXI: acumulamos uma gama incrível de conhecimentos e distribuímos esse saber entre algumas das pessoas mais bem treinadas, qualificadas e diligentes de nossa sociedade. Com todo esse suporte, esses indivíduos foram capazes de realizar feitos extraordinários. Entretanto, esse know-how, com muita frequência, é mal administrado. Falhas evitáveis são comuns e persistentes, para não dizer desmoralizantes e frustrantes, em muitas áreas da atividade humana. E a razão disso é cada vez mais evidente: o volume e a complexidade de nossos conhecimentos superaram nossa capacidade individual de aplicar seus benefícios de maneira correta, segura e confiável. O conhecimento é ao mesmo tempo nossa salvação e nossa perdição.

Isso significa que precisamos de um método diferente para superar as falhas, algo que se baseie na experiência e que explore o conhecimento acumulado, mas que também considere e compense, de alguma maneira, nossas inevitáveis deficiências humanas. E já dispomos desse método, embora ele pareça quase ridículo por sua simplicidade e até sem sentido para quem passou anos desenvolvendo meticulosamente qualificações e tecnologias cada vez mais avançadas.

Estou falando do checklist.

1
O problema da complexidade extrema

Algum tempo atrás, li um relato de caso em *Annals of Thoracic Surgery* (Anais da Cirurgia Torácica) que me chamou a atenção.[1] Numa pequena cidade austríaca dos Alpes, um casal saíra para passear no bosque com a filha de 3 anos. Os pais perderam de vista a criança por alguns segundos e ela caiu numa lagoa congelada. Desesperados, eles se jogaram na água atrás da filha. Ela ficou submersa durante 30 minutos antes de ser encontrada. Seguindo as instruções de uma equipe de emergência pelo celular, eles começaram o procedimento de ressuscitação cardiopulmonar (RCP) ainda na margem da lagoa.

Os paramédicos chegaram oito minutos depois e fizeram o levantamento preliminar das condições da criança. Ela não tinha reações, pressão arterial, pulso, nem respirava. A temperatura do corpo era aproximadamente 18ºC. As pupilas estavam dilatadas e não respondiam à luz, indicando o fim das funções cerebrais. Ela estava morta.

Mas os socorristas prosseguiram com a RCP. Um helicóptero a levou para o hospital mais próximo, onde foi conduzida imediatamente para a sala de cirurgia, enquanto um membro da equipe da emergência massageava seu tórax. Depois de ser conectada a um coração-pulmão artificial, o cirurgião fez uma incisão na virilha direita da criança e prendeu um dos tubos de silicone da máquina na veia femoral, para retirar o sangue, e repetiu o procedimento com a inserção de outro tubo na artéria femoral, dessa vez para recolocar o sangue em circulação. Um perfusionista ligou a bomba e, depois que ajustou o oxigênio, a temperatura e o fluxo do sistema, o tubo transparente se tornou vermelho-escuro com o sangue dela. Apenas nesse momento interromperam as compressões no tórax da menina.

Considerando o tempo de transporte e o tempo de ligação da máquina, a criança ficou sem vida durante uma hora e meia. Na marca da segunda hora, contudo, a temperatura do corpo subira quase 12 graus e o coração voltou a bater. Foi o primeiro órgão a se recuperar.

Depois de seis horas, a temperatura interna chegou enfim a 37ºC. A equipe tentou transferi-la do coração-pulmão artificial para um respirador mecânico, mas a água e os detritos da lagoa haviam danificado gravemente seus pulmões para que o oxigênio bombeado por meio do tubo de respiração chegasse ao sangue. Assim, ela foi conectada a um sistema de pulmão artificial, conhecido como Ecmo.

A máquina Ecmo assumiu suas funções. Os cirurgiões removeram os tubos do coração-pulmão artificial e, em seguida, repararam os vasos e fecharam as incisões na virilha. A equipe cirúrgica levou a menina para a unidade de tratamento intensivo com o tórax ainda aberto, coberto com plástico esterilizado. Durante o dia e a noite, a equipe da UTI trabalhou na sucção da água e dos detritos dos pulmões dela, por meio de um broncoscópio de fibra óptica. No dia seguinte, os pulmões da menina já haviam se recuperado o suficiente para que a equipe a transferisse da Ecmo para um respirador mecânico, procedimento que exigiu a volta à sala de operações, onde os tubos foram retirados, os orifícios, reparados e o tórax, então, foi fechado.

Nos dois dias seguintes, os órgãos da menina voltaram a funcionar: fígado, rins e intestinos – tudo, exceto o cérebro. Uma tomografia computadorizada revelou edema geral nesse órgão, sinal de danos difusos, mas sem áreas mortas. Diante dessas condições, a equipe deu um passo adiante. Perfurou o crânio da criança, introduziu uma sonda no cérebro para monitorar a pressão e manteve-a sob controle rigoroso, por meio de ajustes constantes nos fluidos e nos medicamentos. Durante mais de uma semana ela continuou em estado comatoso. Então, aos poucos, voltou à vida.

Primeiro, as pupilas começaram a reagir à luz. Em seguida, ela passou a respirar por conta própria. Até que, um dia, acordou. Duas semanas depois do acidente, a criança foi para casa. A perna direita e o braço esquerdo estavam parcialmente paralisados. A fala era um tanto grave e arrastada. Ela precisou se submeter a um tratamento prolongado. Aos 5 anos, já havia recuperado todas as faculdades. Os resultados dos exames físicos e neurológicos eram normais. Ela voltou a ser uma criança como outra qualquer.

O que torna essa recuperação espantosa não é só a ideia de que alguém tenha sido ressuscitado depois de duas horas num estado que, no passado recente, teria sido considerado óbito. É também o fato de um grupo de pessoas num hospital comum ter conseguido realizar uma façanha tão complexa. Socorrer uma vítima de afogamento não é como o que se vê nos filmes – umas poucas massagens cardíacas e alguns segundos de respiração boca a boca sendo o bastante para trazer de volta à vida uma pessoa com os pulmões cheios d'água e sem batimentos cardíacos.

Para salvar a criança, dezenas de pessoas executaram milhares de tarefas certas da maneira certa: introduzir nela os tubos de bombeamento cardíaco, sem permitir a entrada de bolhas de ar; conservar a esterilidade das conexões, do peito aberto e dos fluidos expostos no cérebro; e manter todo um conjunto de máquinas temperamentais em perfeito funcionamento. O grau de complexidade de qualquer uma dessas tarefas é enorme. Acrescente-se a isso a dificuldade de coordenar todas elas, na sequência certa, sem nenhuma falha e com algum espaço para improvisação, mas não muito.

Para cada caso bem-sucedido de ressuscitação de crianças afogadas e sem pulso existem dezenas de outros que não obtêm êxito – e não só por já se ter passado muito tempo. As equipes de socorro não se movimentam com rapidez suficiente; as máquinas quebram; a assepsia é insatisfatória, propiciando infecções; e por aí vai. Esses casos não são relatados em periódicos médicos, mas constituem o padrão, embora pouca gente saiba disso.

Acho que temos sido iludidos sobre o que esperar da medicina – ludibriados, digamos assim, pela penicilina. A descoberta de Alexander Fleming, em 1928, disseminou uma visão atraente porém enganosa da assistência médica e de como a medicina trataria as doenças ou as lesões no futuro: uma simples pílula ou uma injeção seria capaz de curar não só uma condição patológica, mas, talvez, várias. A penicilina, afinal, parecia eficaz contra uma variedade espantosa de moléstias infecciosas até então incuráveis. Assim, por que não se criaria panaceia semelhante para os diferentes tipos de câncer? E por que não se desenvolveria algo igualmente simples para reconstituir pele queimada ou para reverter doenças e ataques cardíacos?

No entanto, a medicina não evoluiu exatamente dessa maneira. Depois de um século de descobertas incríveis, as doenças, em sua maioria, se mostraram muito mais específicas e resistentes a tratamentos. Isso se aplica até mesmo às infecções antes tratadas com penicilina: nem todas as cepas de bactérias eram suscetíveis, e as que eram logo desenvolveram resistência. Hoje, as infecções exigem tratamentos altamente individualizados, às vezes com múltiplas terapias, baseadas no padrão de suscetibilidade da cepa da bactéria, na condição do paciente e no órgão afetado. O modelo de medicina na era moderna se distancia cada vez mais da padronização da penicilina e se aproxima da individualização do socorro à menina que quase morreu por afogamento. A ciência médica se tornou a arte da gestão da complexidade extrema – mas não se sabe se essa complexidade pode, de fato, ser dominada pelo homem.

Na nona edição da classificação internacional de doenças da Organização Mundial da Saúde (OMS), o número de doenças, síndromes e tipos de lesões se ampliou a ponto de chegar a mais de 13 mil – em outras palavras, mais de 13 mil possíveis falhas patológicas do corpo. E, para quase todas essas patologias, a ciência oferece soluções ou paliativos. Se não se consegue curar a doença, ao menos é possível atenuar seus sintomas. Porém, para cada condição, as providências são diferentes e quase nunca são simples. Os médicos hoje dispõem de mais de 6 mil medicamentos e mais de 4 mil procedimentos clínicos e cirúrgicos, cada qual apresentando diferentes especificações, riscos e considerações. É muito para acertar sempre.

Em Boston, na Kenmore Square, há uma clínica comunitária associada ao hospital onde trabalho. O termo *clínica* sugere um estabelecimento minúsculo, mas, nesse caso, essa percepção não reflete a realidade. Fundada em 1969 e hoje denominada Harvard Vanguard, seu objetivo é prestar todos os serviços médicos ambulatoriais a pacientes de qualquer faixa etária. A instituição sempre procurou cumprir esse objetivo, mas isso não tem sido fácil. Para acompanhar o desenvolvimento explosivo dos recursos da medicina, a clínica precisou construir mais de 20 novas instalações e aumentar seu quadro para 600 médicos e mil outros profissionais de saúde que englobam 59 especialidades, muitas das quais não existiam quando a entidade foi inaugurada.

Para lidar com essa complexidade, dividimos as tarefas entre várias especialidades. Porém, mesmo desdobrado, o trabalho pode se tornar esmagador. Durante apenas um dia de plantão na cirurgia geral do hospital, por exemplo, a área de obstetrícia pediu que eu examinasse uma mulher de 25 anos com dores abdominais no lado direito, pouco acima da pélvis, febre e náuseas, quadro que nos levava a suspeitar de apendicite. No entanto, como ela estava grávida, não era possível submetê-la a tomografia computadorizada para confirmar ou afastar a hipótese, em razão do risco para o feto. Um oncologista ginecológico me convocou à sala de cirurgia para falar sobre uma paciente com massa ovariana que, ao ser removida, pareceu ser metástase de câncer pancreático; o colega queria que eu examinasse o pâncreas dela para decidir sobre a hipótese de fazer uma biópsia. Um médico de um hospital próximo me telefonou pedindo a transferência de um paciente em tratamento intensivo, com um grande tumor maligno que crescera a ponto de obstruir os rins e os intestinos e produzir uma hemorragia difícil de ser controlada. Nosso serviço de clínica geral me chamou para ver um homem de 61 anos com enfisema tão grave e com reservas pulmonares tão baixas que contraindicavam tratamento cirúrgico. No entanto, ele tinha uma infecção no cólon – uma diverticulite aguda – que vinha piorando apesar de três dias tomando antibiótico. A cirurgia parecia a única alternativa. Outra área pediu ajuda em relação a um homem de 52 anos com diabetes, doença arterial coronariana, hipertensão, falência crônica dos rins, obesidade mórbida, ataque cardíaco e, naquele momento, hérnia inguinal estrangulada. E um residente me consultou por telefone a respeito de uma jovem com um abscesso retal a ser lancetado.

Ao me ver diante de casos tão variados e complicados – em

apenas um dia tive seis pacientes com seis problemas médicos principais completamente diversos e 26 outros diagnósticos diferentes –, quase chego a acreditar que nenhum trabalho é tão complexo quanto o meu.

Pedi que o pessoal do departamento de registros médicos da Harvard Vanguard verificasse no sistema eletrônico com quantos tipos diferentes de quadros patológicos os médicos se defrontavam todos os anos. A resposta que recebi foi surpreendente.[2] Durante um ano de prática clínica (o que exclui os pacientes hospitalizados) cada médico avaliava, em média, 250 tipos diferentes de doenças e distúrbios. Além disso, seus pacientes apresentavam mais de 900 outros problemas médicos ativos a serem levados em conta. Cada médico prescrevia cerca de 300 medicamentos, pedia mais de uma centena de diferentes tipos de exames laboratoriais e realizava, aproximadamente, 40 diferentes espécies de procedimentos ambulatoriais, de vacinações a tratamentos de fraturas.

Mesmo considerando apenas o trabalho clínico ou ambulatorial, as estatísticas ainda não davam conta de todos os distúrbios e doenças. Constatou-se que um dos diagnósticos mais comuns era "Outros". Num dia muito movimentado, quando tudo atrasa e o pessoal na sala de espera começa a se irritar, os profissionais podem não se dar ao trabalho de lançar os códigos de diagnóstico exatos no banco de dados. Porém, mesmo quando se tem tempo, não raro se descobre que algumas doenças dos pacientes não constam nos sistemas de computador.

O software usado na maioria dos registros eletrônicos dos Estados Unidos ainda não conseguiu incluir todas as doenças identificadas nos últimos anos. Tive um paciente com um ganglioneuroblastoma (um tipo raro de tumor das glândulas suprarrenais) e outro com uma condição genética aterradora, denominada síndrome de Li-Fraumeni, que leva os portadores a desenvolver câncer em órgãos por todo o corpo; mas nenhuma dessas doenças estava no sistema. Minha única alternativa foi registrar ambas as ocorrências na categoria "Outros". Os cientistas relatam novas descobertas genéticas importantes, subtipos diferentes de câncer e outros diagnósticos – para não falar em tratamentos – quase toda semana. A complexidade aumenta com tanta rapidez que os computadores não conseguem acompanhá-la.

Mas não são só o volume e a amplitude dos conhecimentos que tornam a medicina tão complexa. É também a execução, a questão prática que envolve o que os clínicos devem fazer com tanto conhecimento. Nos hospitais se vê bem como a tarefa pode ser monumental. Exemplo muito representativo é o lugar onde a menina que quase morreu afogada passou boa parte de sua recuperação: a unidade de tratamento intensivo.

"Tratamento intensivo" é um termo vago. O termo leigo "apoio à vida" reflete mais a realidade. Os danos que o corpo humano pode sofrer e superar hoje são espantosos: traumatismo, queimadura, estouro da aorta, ruptura do cólon, ataque cardíaco grave, infecção generalizada. Essas condições já foram irremediavelmente fatais. Hoje, a sobrevivência é comum e boa parte do crédito se deve aos recursos desenvolvidos nas UTIs para assumir o controle artificial de organismos que sofreram falência de uma ou mais funções. Em geral, tal substituição exige um aparato de tecnologia – respirador mecânico e talvez um tubo de traqueotomia, se os pulmões não estiverem funcionando; balão intra-aórtico para reforço da função cardíaca; máquina de diálise, se a atuação dos rins não for satisfatória. Quando o paciente está inconsciente e não consegue se alimentar, podem ser inseridos por meios cirúrgicos tubos de silicone no estômago ou nos intestinos, para a alimentação à base de fórmulas. Se os intestinos estiverem muito danificados, soluções de aminoácidos, ácidos graxos e glicose podem ser injetadas diretamente na corrente sanguínea.

Em um dia, só nos Estados Unidos, cerca de 90 mil pessoas são internadas em UTIs.[3] Em um ano, são mais ou menos 5 milhões de americanos e, ao longo da vida, quase todas as pessoas passam algum tempo como pacientes de UTIs. Importantes áreas da medicina hoje dependem dos sistemas de apoio à vida fornecidos pelas UTIs: nascimentos prematuros; traumas, AVCs e ataques cardíacos; pós-operatório de cirurgias de cérebro, coração, pulmões ou grandes vasos sanguíneos. O atendimento crítico hoje absorve uma parcela cada vez maior das atividades dos hospitais. Meio século atrás, as UTIs eram quase inexistentes. Hoje, considerando um dia qualquer no hospital em que trabalho, 155 de nossos quase 700 pacientes recebem tratamento intensivo. A permanência média de um paciente na UTI é de quatro dias e a taxa de sobrevivência é de 86%.[4] Ir para uma UTI, ser conectado a um respirador mecânico, ter fios e tubos ligados ou introduzidos no organismo já não são sentenças de morte. Porém, esses talvez sejam os dias mais precários de sua vida.

Quinze anos atrás, cientistas israelenses publicaram um estudo em que engenheiros acompanharam o atendimento a pacientes em UTIs durante períodos de 24 horas.[5] Eles descobriram que, em média, os pacientes necessitavam de 178 intervenções por dia, variando da administração de medicamentos à sucção dos pulmões, e que todas elas envolviam riscos. O mais notável é que só se identificaram erros de médicos e de enfermeiros em 1% dessas ações – proporção à primeira vista muito pequena, mas que ainda representa quase dois erros por dia para cada paciente. O tratamento intensivo só é bem-sucedido quando os efeitos benéficos prevalecem sobre os prejudiciais – o que é difícil. Apenas ficar inconsciente na cama durante alguns dias já é perigoso.[6] Os músculos se atrofiam. Os ossos perdem massa. A pressão do colchão forma escaras. As veias podem ficar obstruídas. É preciso alongar e exercitar os membros flácidos dos pacientes, todos os dias, para evitar contraturas. É necessário aplicar injeções subcutâneas de anticoagulantes sanguíneos ao menos duas vezes por dia, virar os pacientes na cama a intervalos de poucas horas, higienizá-los e trocar os lençóis sem desligar tubos e fios, além de limpar os dentes deles duas vezes por dia para evitar infecções pulmonares resultantes do acúmulo de bactérias na boca. Acrescentem-se a isso respiradores, diálises e cuidados com feridas abertas, e as dificuldades assumem proporções assustadoras.

A história de um de meus pacientes ressalta esse aspecto. Anthony de Filippo tinha 48 anos, era de Everett, Massachusetts, trabalhava como motorista de limusine e sofreu uma hemorragia num hospital comunitário durante uma cirurgia de hérnia e de remoção de cálculos biliares. O cirurgião conseguiu estancar a hemorragia, mas o fígado de Anthony sofreu sérios danos. Nos dias seguintes, o estado dele se agravou demais e os recursos do hospital se tornaram insuficientes. Aceitei a transferência dele para estabilizá-lo e descobrir o que fazer. Quando chegou à nossa UTI, à 1h30 da madrugada de um domingo, o cabelo dele estava empapado de suor, o corpo tremia e o coração pulsava a 114 batidas por minuto. Ele delirava de febre, choque e baixos níveis de oxigênio. "Preciso ir embora!", gritava ele. "Preciso ir embora!"

"Tony, está tudo bem", disse-lhe uma enfermeira. "Vamos ajudá-lo. Você está num hospital." Ele a empurrou para afastá-la – era um homem grandalhão – e tentou se levantar da cama. Aumentamos o fluxo de oxigênio, prendemos seus pulsos e tentamos acalmá-lo. Ele finalmente se cansou e nos deixou tirar seu sangue e lhe dar antibióticos.

Os resultados dos exames de laboratório ficaram prontos, comprovando falência do fígado e alta contagem de leucócitos, indicando infecção. Logo ficou evidente, por causa do saco de urina vazio, que os rins também não estavam funcionando. Nas horas seguintes, a pressão arterial caiu, a respiração ficou mais difícil e ele passou da agitação para a quase inconsciência. Todos os seus órgãos, inclusive o cérebro, pareciam entrar em falência.

Telefonei para a irmã dele, a parente mais próxima, e lhe descrevi a situação. "Por favor, faça tudo o que for possível para salvar a vida dele", implorou ela.

E assim fizemos. Aplicamos nele uma injeção de anestésico enquanto uma residente o entubava. Outra residente inseriu uma agulha fina e um cateter pelo pulso direito, na artéria radial, e depois costurou o cateter à pele, com sutura de seda. Em seguida, introduziu um cateter venoso central, de 30 centímetros, pelo lado esquerdo do pescoço, na veia jugular. Depois de fixá-lo com uma costura e de verificar pela imagem de raios X que sua ponta flutuante estava onde deveria estar – dentro da veia cava, na entrada do coração –, ela instalou um terceiro cateter, ligeiramente mais fino, para a diálise, entrando pela parte superior direita do peito na veia subclávia, bem abaixo da clavícula.

Também conectamos um tubo à mangueira de um respirador mecânico e o regulamos para lhe proporcionar 14 respirações forçadas por minuto, com 100% de oxigênio. Movemos os botões de controle da pressão e da intensidade dos fluxos de gás do respirador mecânico para a esquerda e para a direita, como engenheiros diante de um painel de controle, até alcançarmos os níveis ideais de oxigênio e de dióxido de carbono no sangue. Os cateteres arteriais nos davam medidas contínuas da pressão sanguínea, permitindo que fizéssemos pequenos ajustes nas doses dos medicamentos para mantê-la em níveis satisfatórios. Regulamos as soluções intravenosas de acordo com as medidas da pressão fornecidas pelo cateter venoso central. Ligamos o cateter subclaviano à máquina de diálise e a cada período de poucos minutos seu sangue era purificado por esse rim artificial e retornava ao corpo. Um pequeno acerto aqui e ali e alterávamos os níveis de potássio, de bicarbonato e de sal. Queríamos acreditar que ele era uma simples máquina sob nosso controle.

Evidentemente, não era bem assim. De fato, estávamos com as mãos no volante e tínhamos à nossa frente um painel de controle e alguns botões, mas a sensação era a de estar na cabine de uma carreta com nove eixos, descendo em disparada montanha abaixo por uma estrada sinuosa e com problema nos freios. Manter em limites normais a pressão arterial do paciente exigia litros de fluidos intravenosos. Ele estava conectado a um respirador mecânico que funcionava quase à capacidade máxima. Sua temperatura subira para 40ºC. Menos de 5% dos pacientes com aquele nível de falência múltipla de órgãos conseguem sobreviver. Um único erro podia eliminar depressa essa chance mínima.

No entanto, durante 10 dias, fizemos progresso. O grande problema de Anthony eram os danos ao fígado, resultantes da operação anterior: o principal duto que sai do órgão estava rompido e vazava bile, uma substância cáustica. E ele estava fraco demais para sobreviver a uma cirurgia reparatória. Nessas condições, depois que o estabilizamos, tentamos uma solução temporária pedindo aos radiologistas que inserissem um dreno plástico, sob a orientação de tomografia computadorizada, através da parede abdominal até o duto rompido, para drenar o derrame de bile. No entanto, durante a intervenção, encontraram tanto líquido que tiveram que usar três drenos, sendo um dentro do duto e os outros dois ao seu redor. Com a drenagem da bile, a febre diminuiu, assim como a necessidade de oxigênio e de fluidos. A pressão arterial voltou aos níveis normais. Ele estava começando a reagir. Até que, no décimo primeiro dia, quando nos preparávamos para retirá-lo do respirador mecânico, ele voltou a apresentar febre alta, com picos muito elevados, enquanto a pressão arterial despencava e os níveis de oxigênio no sangue caíam de novo. A pele tornou-se fria e úmida e ele estremecia com calafrios.

Não conseguíamos compreender o que acontecera. Parecia que ele tinha desenvolvido uma infecção, mas os exames de raios X e de tomografia computadorizada não revelavam a fonte. Mesmo após a administração de quatro antibióticos ele continuava com acessos de febre. Num desses picos de temperatura, o coração dele fibrilou. O Código Azul foi acionado. Mais de 10 enfermeiros e médicos se aglomeraram em torno do leito e, num esforço coordenado, conectaram um aparato de fios ao seu peito e aplicaram sucessivos choques elétricos. O coração reagiu e voltou ao ritmo normal. Mas precisamos de dois dias para descobrir o que dera errado. Ante a possibilidade de alguns dos cateteres terem sido infectados, substituímos os que suscitavam suspeitas e os enviamos ao laboratório para cultura. Depois de 48 horas, recebemos os resultados. Todos os cateteres estavam contaminados. A infecção provavelmente começara em um cateter, que talvez tenha sido contaminado durante a inserção, e se espalhara pela corrente sanguínea de Anthony para os demais. Então, todos começaram a derramar bactérias no organismo dele, produzindo a febre e o agravamento generalizado do quadro.

Esta é a realidade do tratamento intensivo: a certa altura, a probabilidade de danos é tão alta quanto a chance de cura. As infecções de cateteres se tornaram tão comuns que são consideradas complicações rotineiras. As UTIs instalam cerca de 5 milhões de cateteres por ano em pacientes. As estatísticas americanas indicam que, depois de 10 dias, 4% deles ficam contaminados.[7] As infecções de cateteres ocorrem em 80 mil pessoas por ano nos Estados Unidos e são fatais na proporção de 5% a 28%, dependendo da gravidade do quadro inicial do paciente. Os que sobrevivem às infecções de cateteres passam, em média, mais uma semana na UTI.[8] E esse é apenas um dos muitos riscos.

Após 10 dias com um cateter urinário, 4% dos pacientes de UTI nos Estados Unidos desenvolvem cistite. Ao fim de 10 dias em respirador mecânico, 6% contraem pneumonia bacteriana, letal em 40% a 45% dos casos. Ao todo, cerca de metade dos pacientes de UTI acaba enfrentando sérias complicações, que reduzem drasticamente as chances de sobrevivência.[9]

Anthony levou mais uma semana para se recuperar o bastante das infecções até sair do respirador mecânico e mais dois meses para receber alta. Debilitado e abatido, ele perdeu seu negócio de limusines e sua casa, e acabou indo morar com a irmã. Teve que manter o tubo de drenagem de bile conectado ao seu abdômen. Tempos depois, quando ele já estava mais forte, operei-o de novo para reconstruir o principal duto de bile do fígado. Mas ele sobreviveu, ao contrário do que acontece com a maioria dos pacientes nas mesmas condições.

Eis, então, o enigma fundamental da assistência médica moderna: o médico depara com um paciente em estado gravíssimo. Para ter alguma chance de salvá-lo, é necessário não só ter os conhecimentos certos como também realizar corretamente cerca de 178 tarefas diárias – apesar do alarme que dispara, só Deus sabe por quê; apesar da quase morte do paciente no leito ao lado; apesar do enfermeiro que mete a cabeça entre as cortinas, pedindo ajuda para entubar outro paciente. São complexidades e mais complexidades. E mesmo a especialização crescente começa a parecer inadequada.

O que fazer?

A resposta da medicina tem sido evoluir da especialização para a superespecialização. Contei a história de Anthony de Filippo na UTI, por exemplo, como se eu realmente estivesse cuidando dele o tempo todo. No entanto, essa função de atendimento contínuo e ininterrupto coube de fato a um intensivista (como os médicos especialistas em tratamento intensivo preferem ser chamados). Como cirurgião geral, gosto de pensar que posso lidar com a maioria das situações clínicas. No entanto, com o aumento da complexidade do tratamento intensivo, parte dessas atribuições passou a se concentrar numa nova geração de superespecialistas. Nas últimas décadas, foram criados programas de treinamento concentrados em assistência crítica na maioria das cidades americanas e europeias, e metade das UTIs nos Estados Unidos depende desses novos profissionais.

Vivemos na era do superespecialista – de clínicos que dedicam cada vez mais tempo a treinamentos prolongados em campos cada vez mais específicos. Essa nova categoria de profissionais apresenta duas vantagens em relação aos especialistas comuns: maior conhecimento dos detalhes relevantes e maior capacidade de lidar com as complexidades de determinada função. No entanto, há diferentes graus de complexidade. A medicina e outras profissões se tornaram tão complexas que evitar erros rotineiros tem se mostrado quase impossível, mesmo para o mais superespecializado dos profissionais.

Talvez nenhum outro campo tenha levado a especialização tão longe quanto a cirurgia. Considere a sala de operações uma UTI ainda mais agressiva. Nela atuam anestesistas apenas para lidar com o controle da dor e garantir a estabilidade do paciente, e mesmo esses profissionais são divididos em subcategorias. Há anestesistas pediátricos, cardíacos, obstétricos, neurológicos e muitos outros. Do mesmo modo, não contamos mais apenas com "enfermeiros do centro cirúrgico". Esses profissionais em geral também se especializam em áreas ainda mais específicas.

E, é claro, há os cirurgiões. Aqui, a superespecialização atinge níveis tão absurdos que, ao nos referirmos, de brincadeira, a cirurgiões de orelha direita e cirurgiões de orelha esquerda, precisamos pensar duas vezes antes de afirmar se eles existem mesmo ou não. Minha formação é de cirurgião geral, porém, exceto nas áreas rurais mais remotas, esse profissional já não existe mais. Os cirurgiões gerais já não podem fazer tudo. Decidi concentrar minha prática em cirurgia oncológica – cirurgia de câncer –, mas mesmo essa especialização se revelou demasiado abrangente. Assim, embora eu não tenha poupado esforços para manter um escopo tão amplo quanto possível em minha prática cirúrgica, sobretudo em casos de emergência, desenvolvi uma habilidade especial para remover tumores cancerígenos de glândulas endócrinas.

A consequência das últimas décadas de especialização cada vez mais apurada e restrita tem sido a melhoria impressionante dos recursos e dos resultados cirúrgicos. Se em épocas não tão remotas mesmo cirurgias pequenas apresentavam risco de morte de dois dígitos e a recuperação prolongada e até a incapacidade eram o padrão, hoje operações eficazes e seguras são a norma.

No entanto, considerando a frequência com que hoje se realizam cirurgias – atualmente, os americanos se submetem, em média, a sete cirurgias ao longo da vida, com os cirurgiões realizando mais de 50 milhões de cirurgias por ano –, os insucessos em números absolutos são muito altos. Nos Estados Unidos, ocorrem mais de 150 mil mortes por ano em decorrência de cirurgias – o triplo do número de mortes em acidentes de trânsito. Além disso, pesquisas mostram que pelo menos metade das mortes e das complicações é evitável. O problema não é falta de conhecimento. Entretanto, por mais especializados e treinados que sejam os médicos, é grande a frequência com que se deixa passar alguma coisa. Os erros ainda são muito comuns.

A medicina, com seus êxitos espantosos, mas também com seus fracassos desconcertantes, impõe um grande desafio à nossa era: o que fazer quando o conhecimento e a experiência não são suficientes? Como agir quando os superespecialistas falham? Começamos a divisar uma resposta, mas ela veio de uma fonte um tanto inesperada – uma área que não tem nada a ver com a medicina.

2
O checklist

Em 30 de outubro de 1935, na base aérea de Wright, em Dayton, Ohio, a Força Aérea dos Estados Unidos (na época, Grupamento Aéreo do Exército) promoveu uma competição aérea entre fabricantes de aviões que disputavam o desenvolvimento da próxima geração de bombardeiros de longo alcance.[1] Na realidade, não se esperava que a competição fosse das mais acirradas. Nas primeiras avaliações, o Modelo 299 da Boeing, em reluzente liga de alumínio, esmagara os projetos da Martin e da Douglas. A aeronave da Boeing tinha capacidade para transportar cinco vezes mais bombas que as especificações do Exército. Além disso, era mais veloz que os bombardeiros anteriores, com quase o dobro de autonomia. Um jornalista de Seattle, que avistara o modelo num teste de voo sobre a cidade, o chamou de "fortaleza voadora" e o nome pegou. A "competição" aérea, de acordo com Phillip Meilinger, historiador militar, estava sendo vista como mera formalidade. O Exército pretendia encomendar pelo menos 65 aeronaves.

Uma pequena multidão de oficiais do Exército e executivos de fabricantes de aviões observou o Modelo 299 taxiar na pista, preparando-se para o teste. Ele era aerodinâmico e imponente, com 31 metros de envergadura e quatro motores se projetando das asas, em vez de apenas dois, conforme era o padrão da época. O avião acelerou ruidosamente na pista, ergueu-se com elegância e subiu com rapidez até 100 metros. Então, de repente, os motores pararam, uma das asas se inclinou para baixo e a aeronave mergulhou rumo ao solo, explodindo em chamas. Dois dos cinco membros da tripulação morreram, inclusive o piloto, o major Ployer P. Hill.

As investigações revelaram que não ocorrera nenhuma falha mecânica. O desastre resultara de erro do piloto, afirmou o relatório. Muito mais complexo que os modelos anteriores, o novo avião exigia que o piloto cuidasse dos quatro motores, cada um com sua própria mistura de combustível; dos trens de pouso retráteis; dos flaps das asas; dos compensadores elétricos que precisavam de ajustes constantes para manter a estabilidade em diferentes velocidades; e das hélices de velocidade constante, cuja arfada devia ser regulada por meio de controles hidráulicos, entre outros recursos. Enquanto fazia tudo isso, Hill se esquecera de liberar um mecanismo novo de travamento nos controles do profundor e do leme. O modelo da Boeing, conforme afirmou um jornal, foi considerado "muito avião para ser pilotado por um único homem", tamanha era sua complexidade. O Grupamento Aéreo do Exército declarou vencedor o projeto menor da Douglas. Em consequência, a Boeing quase foi à falência.

No entanto, o Exército comprou aeronaves da Boeing para teste e alguns especialistas continuaram convencidos de que aquela máquina era capaz de voar. Assim, alguns pilotos de testes se reuniram para decidir o que fazer.

O que decidiram não fazer foi quase tão interessante quanto o que efetivamente fizeram. Eles não exigiram que os pilotos do Modelo 299 recebessem um treinamento mais longo. Era difícil imaginar alguém com mais experiência e mais conhecimento que o major Hill, que fora o chefe dos pilotos de testes do Grupamento Aéreo. Em vez disso, propuseram uma abordagem engenhosamente simples: criaram um checklist para pilotos.

A mera existência desse procedimento indicava quanto a aeronáutica avançara. Nos primeiros anos da aviação, os voos talvez fossem muito arriscados, mas não eram de modo algum complexos. Usar checklists para decolagens jamais teria ocorrido a um piloto, da mesma maneira que nunca teria passado pela cabeça de um motorista recorrer a checklists para dar marcha a ré ou para estacionar numa vaga. Porém, pilotar aquele novo avião era complicado demais para que tudo ficasse por conta da memória de uma pessoa, por mais competente que fosse.

Os pilotos de testes elaboraram listas simples, breves e objetivas – curtas o bastante para caber numa ficha de papel, com as verificações passo a passo para decolagem, voo, aterrissagem e taxiamento. Continham as recomendações indispensáveis que todos os pilotos sabiam executar: verificar a desativação dos freios, o funcionamento dos instrumentos, o fechamento de portas e janelas, o destravamento dos controles do profundor – enfim, itens óbvios.

Jamais se imaginaria que essa implantação pudesse fazer tanta diferença. Porém, com o checklist em mãos, os pilotos comandaram o Modelo 299 por cerca de 3 milhões de quilômetros sem um acidente sequer. O Exército acabou encomendando quase 13 mil aeronaves desse tipo, que apelidou de B-17. E, como a partir de então era possível domar o monstro, as Forças Armadas americanas conquistaram uma vantagem decisiva na Segunda Guerra Mundial, viabilizando a campanha de bombardeios devastadores contra a Alemanha nazista.

Muitas de nossas atividades da atualidade já entraram em fases equivalentes à do B-17. Uma parcela considerável do que fazem profissionais tão diversificados quanto programadores de softwares, gestores financeiros, bombeiros, policiais, advogados e médicos é complexa demais para ser executada de maneira confiável apenas com base na memória. Em outras palavras, várias áreas se tornaram "muito avião" para serem "pilotadas" por uma pessoa só.

Não chega a ser óbvio, porém, que algo tão simples quanto um checklist seja capaz de oferecer ajuda substancial. Até podemos admitir a possibilidade de erros e omissões – não raro de consequências devastadoras. Mas, em geral, acreditamos que nosso trabalho é complexo demais para ser reduzido a um mero checklist. Pessoas doentes, por exemplo, estão sujeitas a fenômenos muito mais diversificados que aeronaves. Um estudo de 41 mil pacientes vítimas de traumatismos no estado da Pensilvânia constatou que eles receberam 1.224 diferentes diagnósticos relacionados com lesões, compondo 32.261 combinações únicas.[2] É como ter que aprender a pilotar 32.261 diferentes tipos de aviões. O mapeamento de todas as providências adequadas a cada caso é simplesmente impossível e os médicos têm demonstrado ceticismo quanto à possibilidade de que uma folha de papel com campos para serem preenchidos possa contribuir para melhorias significativas.

Na verdade, porém, temos indícios de que isso é possível, ao menos em algumas áreas. Por exemplo, o que são os sinais vitais registrados por todos os hospitais senão uma espécie de checklist? Compostos de quatro indicadores fisiológicos – temperatura do corpo, batimentos cardíacos, pressão arterial e frequência respiratória –, eles oferecem aos profissionais de saúde um panorama básico das condições do paciente. Aprendemos que negligenciar um desses indicadores pode ser perigoso. Talvez três deles pareçam normais e o médico se sinta tentado a dizer: "Ele está bem. Vamos lhe dar alta." Mas é possível que o quarto revele febre, pressão baixa ou batimentos cardíacos acelerados. Ignorar um desses sintomas pode custar a vida da pessoa.

Os profissionais de saúde têm meios para medir os sinais vitais desde o começo do século XX, depois que o termômetro de mercúrio se transformou em um instrumento básico e o médico russo Nicolai Korotkoff mostrou como usar uma braçadeira inflável e um estetoscópio para medir a pressão arterial.[3] Porém, embora o uso dos quatro sinais em conjunto avaliasse com mais exatidão a condição do paciente que uma medição isolada, os médicos não registravam todos eles.

Em ambientes complexos, os profissionais enfrentam duas grandes dificuldades: a primeira é a falibilidade da memória e da atenção humana, sobretudo quando se trata de questões mundanas e rotineiras, negligenciadas com facilidade diante da pressão de acontecimentos mais urgentes. (Quando o paciente está vomitando ininterruptamente e familiares transtornados lhe perguntam o que está acontecendo, pode ser fácil esquecer que é preciso verificar o pulso do doente.) As falhas de memória e as distrações se tornam ainda mais perigosas em situações que os engenheiros denominam processos "tudo ou nada": comprar ingredientes para um bolo, preparar um avião para a decolagem ou avaliar uma pessoa doente no hospital são situações que se assemelham no sentido de que basta uma omissão para pôr tudo a perder e tornar inútil todo o esforço.

Outra dificuldade, igualmente traiçoeira, surge quando as pessoas enganam a si mesmas achando que podem suprimir passos, mesmo quando se lembram deles. Afinal, em processos complexos, certas tarefas nem sempre parecem indispensáveis. Talvez o controle do profundor em aviões esteja quase sempre destravado, o que torna inútil, na maioria das vezes, sua verificação prévia. Talvez a medição de todos os quatro sinais vitais revele uma situação preocupante apenas uma vez em cada 50 casos. "Isso nunca foi problema antes", pode-se dizer. Até que um dia se revela um problema de consequências graves.

Os checklists parecem fornecer proteção contra essas falhas. Eles nos lembram das tarefas mínimas necessárias e as tornam explícitas. Não só oferecem a possibilidade de uma verificação como também instilam uma espécie de disciplina de alto desempenho.

A verificação dos quatro sinais vitais só se tornou rotineira nos hospitais ocidentais na década de 1960, quando os enfermeiros adotaram a ideia. Para tanto, desenvolveram tabelas e formulários que incluíam os quatro indicadores, basicamente impondo checklists a si mesmos de forma a garantir esse exame. Em meio a todas as atribuições dos enfermeiros no atendimento aos pacientes – administrar medicamentos, fazer curativos, resolver problemas –, essas novas ferramentas que salientavam os sinais vitais eram um meio certo de garantir que a cada seis horas (ou com maior frequência, se necessário) ninguém se esqueceria de verificar os batimentos cardíacos, a pressão arterial, a temperatura e a frequência respiratória dos pacientes, avaliando suas condições com exatidão.

Desde então, na maioria dos hospitais, os enfermeiros adicionaram um quinto sinal vital: a dor, conforme avaliação dos pacientes numa escala de 1 a 10. E não ficaram só nisso, desenvolvendo outras inovações – por exemplo, tabelas com o horário dos medicamentos e um breve resumo do tratamento para cada paciente. Ninguém chama esses métodos de checklist, mas, no fundo, é o que são. Tudo isso foi bem recebido pelos enfermeiros, responsáveis pelas rotinas, mas nem tanto pelos médicos.

Tabelas e checklists foram considerados coisas de enfermeiros – algo enfadonho que não compete a médicos. Afinal, os doutores, com tantos anos de treinamento e de especialização, jamais precisariam perder tempo com essas bobagens.

✓

Em 2001, no entanto, um especialista em tratamento intensivo do Hospital Johns Hopkins chamado Peter Pronovost decidiu oferecer aos médicos um checklist. A intenção dele não era abranger tudo o que as equipes de UTIs precisam fazer ao longo do dia, mas sim concentrar-se em apenas uma das centenas de possíveis tarefas desses profissionais, exatamente aquela em que falhas e omissões quase mataram Anthony de Filippo: infecções do cateter venoso central.

Numa folha de papel, ele escreveu os passos necessários para evitar infecções ao instalar o cateter venoso central. Os médicos devem: (1) lavar as mãos com sabonete; (2) limpar a pele do paciente com antisséptico; (3) colocar panos cirúrgicos esterilizados sobre todo o corpo do paciente; (4) usar máscara, touca, avental e luvas; e (5) recobrir com bandagem esterilizada a área de inserção após a instalação do cateter venoso central. Como essas providências são conhecidas e ensinadas há anos, parecia perda de tempo fazer um checklist para algo tão óbvio. No entanto, Pronovost pediu aos enfermeiros de sua UTI que observassem durante um mês os médicos instalando cateteres nos pacientes e que anotassem a frequência com que executavam cada um desses passos. Em mais de um terço dos pacientes eles omitiram ao menos uma das tarefas.[4]

No mês seguinte, ele e a equipe convenceram a administração do Hospital Johns Hopkins a autorizar os enfermeiros a interromper o procedimento se constatassem que os médicos haviam pulado um dos itens do checklist e a perguntar todos os dias aos médicos se algum cateter devia ser removido, para que não fosse mantido quando já não era necessário. Isso foi revolucionário. Os enfermeiros sempre deram um jeito de induzir os médicos a agir da maneira certa, seja com lembretes sutis ("O senhor se esqueceu de pôr a máscara, doutor...") ou até com atitudes mais incisivas (uma enfermeira já me deu uma bronca por achar que eu não havia envolvido um paciente com quantidade suficiente de panos cirúrgicos). Porém, muitos enfermeiros ficam em dúvida sobre como agir ao constatar uma falha, ou se determinada omissão ou determinado erro justifica um confronto. (Será que é realmente importante que as pernas do paciente estejam protegidas por panos cirúrgicos para a introdução de um cateter no tórax?) A nova regra era clara: se os médicos não seguissem todos os passos, os enfermeiros deveriam intervir, com o aval da administração.

Durante um ano, Pronovost e seus colegas monitoraram as ações dos profissionais. Os resultados foram tão impressionantes que eles chegaram a questionar suas descobertas. A taxa de infecção de cateteres usados por 10 dias caiu de 11% para zero. No intuito de confirmar as conclusões, acompanharam os pacientes por mais 15 meses. Apenas duas infecções ocorreram nesse período. Segundo seus cálculos, somente nesse hospital o checklist havia evitado 43 infecções e 8 mortes, além de reduzir custos em US$ 2 milhões.

Pronovost recrutou mais colegas e o grupo testou outros checklists na UTI do Johns Hopkins. Um deles tinha por objetivo garantir que os enfermeiros, ao menos uma vez a cada quatro horas, verificassem se os pacientes sentiam dor e administrassem analgésicos no momento oportuno. Isso reduziu de 41% para 3% a probabilidade de um paciente sentir dores e não receber tratamento adequado.[5] Também testaram um checklist para pacientes em respiradores mecânicos para assegurar, por exemplo, a prescrição de antiácidos pelos médicos, prevenindo úlceras estomacais, e garantir que a inclinação das cabeceiras dos leitos fosse de pelo menos 30 graus, evitando a entrada de secreções orais nos tubos de respiração. A proporção de pacientes que não recebiam o tratamento recomendado caiu de 70% para 4%, a ocorrência de pneumonia diminuiu 25% e ocorreram 21 óbitos a menos que no ano anterior.[6] Os pesquisadores descobriram que a simples determinação de que médicos e enfermeiros de UTIs criassem os próprios checklists das tarefas diárias melhorava a consistência do tratamento a ponto de reduzir à metade a permanência média dos pacientes em tratamento intensivo.[7]

Pronovost observou que esses checklists conseguiram o que se espera de qualquer checklist: definir com clareza os passos mínimos necessários em cada processo e evitar falhas de memória. Ele também se surpreendeu ao constatar a frequência com que até mesmo profissionais experientes não se dão conta da importância de certas precauções. Numa pesquisa junto às equipes de UTIs, realizada antes da adoção de checklists referentes a respiradores mecânicos, ele descobriu que 50% dos profissionais não tinham consciência da necessidade comprovada de administrar antiácidos a pacientes em respiradores mecânicos.[8] Ele chegou à conclusão de que os checklists elevavam o nível do desempenho básico.

É evidente que essas ideias parecem, à primeira vista, ridiculamente primitivas. Pronovost com muita frequência é descrito pelos colegas como "brilhante", "inspirador" e "genial". Ele é médico, Ph.D. em saúde pública pela Universidade Johns Hopkins e se especializou em medicina de emergência, anestesiologia e tratamento intensivo. Mas será que é realmente necessário tudo isso para constatar o que todo mundo que já preparou uma lista de afazeres descobriu séculos atrás? Bem, talvez sim.

Apesar do sucesso comprovado dos primeiros checklists, a difusão do método e a adesão à sua prática foram lentas. Pronovost viajou pelos Estados Unidos mostrando seus checklists a médicos, enfermeiros, seguradoras e empregadores – enfim, a quem quer que se dispusesse a ouvi-lo. Em média, ele proferia palestras em sete cidades por mês. No entanto, poucos adotavam sua ideia.

Várias eram as explicações para essa resistência. Alguns médicos se sentiam ofendidos com a sugestão de que precisavam de checklists. Outros levantavam dúvidas legítimas sobre as provas de Pronovost. Até então, ele só demonstrara que os checklists deram certo em um hospital, o Johns Hopkins, que contava com verbas generosas para a UTI, muitos profissionais qualificados e Peter Pronovost caminhando pelos corredores para se certificar de que a ideia estava sendo implementada de maneira adequada.

Mas como seria no mundo real, onde os médicos e enfermeiros de UTIs carecem de recursos, sofrem pressões de todos os tipos, inclusive falta de tempo e excesso de pacientes, e, por conseguinte, resistem a qualquer proposta que lhes pareça mais uma exigência burocrática?

Em 2003, porém, a Associação de Saúde e de Hospitais de Michigan procurou Pronovost para que ele testasse o checklist de cateter venoso central em todas as UTIs do estado. Seria um empreendimento enorme e Pronovost teria a chance de averiguar se seu checklist também seria eficaz em âmbito mais amplo.

Visitei o Hospital Sinai-Grace, em Detroit, poucos anos depois do início do projeto e vi o que Pronovost estava enfrentando. Ocupando um conjunto de prédios revestidos de tijolos vermelhos aparentes, em meio a casas abandonadas, escritórios de agiotagem e um pequeno comércio varejista, o Sinai-Grace é um hospital urbano clássico. Na época, empregava 800 médicos, 700 enfermeiros e 2 mil auxiliares para cuidar de uma população com a renda média mais baixa do país. Isso significava problemas financeiros crônicos. Mas o Sinai-Grace não é o hospital da cidade que atende à população mais carente – o Detroit Receiving Hospital, onde mais de um quinto dos pacientes não dispõe de meios para pagar a assistência médica, encontra-se em situação ainda mais grave.

O Sinai-Grace tem cinco UTIs para pacientes adultos e uma para crianças. Hassan Makki, o diretor de tratamento intensivo, me relatou como era a situação em 2004, quando Pronovost e a associação de hospitais criaram malas diretas e promoveram teleconferências com os responsáveis pelos hospitais, com o objetivo de convencê-los a adotar checklists referentes a cateteres venosos centrais e respiradores mecânicos. "O moral estava baixo", disse. "Tínhamos perdido boa parte do staff e os enfermeiros remanescentes não sabiam se continuariam lá." Enquanto isso, as equipes enfrentavam uma carga de trabalho ainda mais pesada, em consequência de novas regras que limitavam a jornada dos residentes. E, para completar, Pronovost estava pedindo que preenchessem checklists diários.

Tom Piskorowski, um dos médicos especialistas em tratamento intensivo, descreveu sua reação: "Esqueçam a papelada! Cuidem dos pacientes."

Acompanhei uma equipe na ronda das 7 horas da manhã por uma das UTIs de cirurgia. A unidade continha 11 pacientes. Quatro haviam sofrido ferimentos provocados por arma de fogo. Cinco pacientes tinham hemorragia cerebral. Também havia um paciente com câncer, que se recuperava de uma cirurgia de remoção de parte do pulmão, e outro paciente que tinha sido operado de um aneurisma cerebral.

Os médicos e enfermeiros que participavam das rondas tentavam passar metodicamente de um quarto para o seguinte, mas eram interrompidos a toda hora: um paciente que já consideravam estabilizado tinha voltado a apresentar hemorragia; outro que fora retirado do respirador mecânico estava com dificuldade para respirar e teve que voltar à máquina. Era difícil imaginar que pudessem escapar da onda diária de desastres para se preocupar com as minúcias de alguns checklists.

No entanto, observei-os empenhados na tarefa de preencher aquelas páginas. Na maioria dos casos, a tarefa competia aos enfermeiros. Todas as manhãs, um enfermeiro sênior percorria a unidade de prancheta nas mãos, assegurando-se de que todos os pacientes em respirador mecânico estivessem com a cabeceira da cama erguida no ângulo correto, recebessem os medicamentos necessários e tivessem sido submetidos aos exames indispensáveis. Sempre que os médicos conectavam um cateter venoso central, um enfermeiro se certificava de que o checklist tinha sido preenchido e arquivado na ficha do paciente. Examinando os arquivos do hospital, constatei que toda essa rotina vinha sendo seguida com persistência e exatidão havia mais de três anos.

Pronovost fora astuto ao começar. Em suas primeiras conversas com administradores de hospitais, ele não recomendou que usassem o checklist para cateter venoso central. Em vez disso, pediu-lhes simplesmente que reunissem dados sobre suas próprias taxas de infecção por cateter contaminado. Constataram então que, no começo de 2004, as taxas de infecção de pacientes de UTI nos hospitais de Michigan eram superiores à média nacional e, em alguns hospitais, estavam muito acima dessa média. O Sinai--Grace tinha mais infecções de cateter venoso central que 75% dos hospitais americanos. Enquanto isso, a seguradora Blue Cross Blue Shield de Michigan concordara em oferecer aos hospitais um pequeno bônus pela participação no programa de Pronovost. De repente, a adoção do checklist pareceu algo fácil e lógico.

No que ficou conhecido como Iniciativa Keystone, cada hospital incumbiu um gerente de projeto de implementar os checklists e participar de teleconferências quinzenais com Pronovost para a solução de problemas. Pronovost também insistiu em que os hospitais participantes atribuíssem a cada UTI um gestor experiente que a visitaria uma vez por mês, ouviria as queixas da equipe e ajudaria a sanar pendências.

Os gestores se mostraram relutantes. Eles viviam em reuniões, preocupando-se com estratégias e orçamentos. Não se aventuravam em territórios de pacientes e não se sentiam integrantes desse ambiente. Em alguns lugares, depararam com certa hostilidade, mas o envolvimento deles se mostrou crucial. No primeiro mês, os executivos descobriram que sabonetes com clorexidina, redutores comprovados das infecções de cateteres, só estavam disponíveis em menos de um terço das UTIs. Tratava-se de um problema que apenas os gestores podiam resolver. Em poucas semanas, todas as UTIs de Michigan já contavam com esse antisséptico. As equipes também se queixaram de que, embora os checklists exigissem que os pacientes fossem envolvidos por panos cirúrgicos quando os cateteres eram introduzidos, em geral não se dispunha de cobertas estéreis tamanho grande, falha que foi sanada de imediato. Além disso, também convenceram a Arrow International, um dos maiores fabricantes de cateteres venosos centrais, a produzir um novo kit incluindo panos cirúrgicos e sabonetes com clorexidina.

Em dezembro de 2006, a Iniciativa Keystone publicou suas conclusões num artigo histórico no *The New England Journal of Medicine*.[9] Nos primeiros três meses do projeto, a taxa de infecções em cateteres venosos centrais caiu 66%. A maioria das UTIs – inclusive as do Hospital Sinai-Grace – reduziu a zero seus índices trimestrais de infecção. As taxas em Michigan diminuíram tanto que suas UTIs passaram a apresentar uma incidência de infecções menor que a de 90% das UTIs de todo o país. Nos primeiros 18 meses da iniciativa, estimou-se em US$ 175 milhões a redução de custos dos hospitais e em 1.500 o número de vidas salvas. O sucesso foi duradouro e se prolonga até hoje – tudo por causa de um insignificante checklist.

✓

É tentador imaginar que se trate de um sucesso isolado. Talvez haja algo inusitado na estratégia necessária para evitar infecções de cateter venoso central. Afinal, esse checklist não preveniu qualquer outro tipo de complicação que pode resultar da inserção desses tubos de plástico, com pouco mais de 30 centímetros de comprimento, no peito dos pacientes – como colapso do pulmão, se a agulha entrar com muita profundidade, ou hemorragia, se ela perfurar algum vaso. O checklist evitou apenas infecções. Nesse exemplo em particular, os médicos, sem dúvida, nem sempre realizavam todas as tarefas básicas – lavar as mãos, usar avental, luvas e máscara, e assim por diante – e o checklist se revelou de valor inestimável. Porém, entre as numerosas tarefas que os médicos executam em pacientes, talvez esse fosse um caso muito específico.

Quando eu soube dos resultados alcançados por Pronovost, conversei com Markus Thalmann, cirurgião cardíaco que fora o principal autor do estudo de caso do salvamento extraordinário da garotinha que quase morrera de afogamento. Entre os muitos detalhes que me intrigaram a respeito do salvamento estava o fato de ter ocorrido não em um grande centro médico acadêmico de ponta, mas em um hospital público comum, em Klagenfurt, pequena cidade austríaca, a mais próxima da lagoa onde a menina caíra. Perguntei a Thalmann como o hospital conseguira realizar proeza tão complexa.

Ele me contou que já trabalhava no hospital havia seis anos quando a menina deu entrada lá. Aquela criança não fora a primeira pessoa que ele e os colegas tentaram ressuscitar de uma parada cardíaca depois de um quadro de hipotermia e asfixia. O hospital recebia de três a cinco pacientes por ano nas mesmas condições, segundo estimativas dele, sendo a maioria vítima de avalanche; algumas, de afogamento; e umas poucas, de tentativas frustradas de suicídio por overdose de alguma droga. Durante um bom tempo, por mais que a equipe tentasse, não tinha êxito. Quase todas as vítimas já haviam ficado muito tempo sem pulso e oxigênio ao serem encontradas. Para ele, porém, algumas ainda apresentavam um vislumbre de viabilidade, embora ele e os colegas não tivessem conseguido salvá-las.

Então, ele resolveu estudar com cuidado os registros dos casos. A preparação, concluiu, era a principal dificuldade. O sucesso dependia de se poder contar com um aparato de equipamentos e de profissionais de prontidão – cirurgiões traumatologistas, anestesista cardíaco, cirurgião cardiotorácico, pessoal de suporte em bioengenharia, perfusionista, enfermeiros de centros cirúrgicos e de tratamento intensivo. Quase sempre faltava alguém ou algum recurso.

Para remediar a situação, ele tentou a abordagem cirúrgica costumeira – gritar para que todos fizessem sua parte e atuassem juntos. Mesmo assim, não obteve bons resultados, até que ele e dois colegas resolveram tentar algo novo: criaram um checklist.

Em outra iniciativa surpreendente, deram o checklist às pessoas com menos poder em todo o processo – as equipes de resgate e de atendimento telefônico do hospital –, instruindo-as quanto aos detalhes. Em casos como esses, de acordo com o checklist, as equipes de resgate deveriam avisar o hospital para que se preparasse para possíveis intervenções cardíacas e manobras de reanimação. Deveriam telefonar, quando possível, mesmo antes de chegar ao paciente, para que o tempo de preparação fosse suficiente. A equipe de atendimento, por sua vez, notificaria todas as pessoas relacionadas numa lista, para que deixassem tudo pronto.

Com a implantação dos checklists, o grupo obteve seu primeiro sucesso – o salvamento da menina de 3 anos. Não muito depois, Thalmann deixou esse hospital para trabalhar em outro, em Viena. Desde então, a equipe conquistou duas outras vitórias em salvamentos desse tipo. Numa delas, um homem foi encontrado congelado e sem pulso após uma tentativa de suicídio. Em outra, uma mulher e a filha de 16 anos sofreram um acidente de carro. O veículo passou pela grade de proteção à beira da estrada, caiu num penhasco e foi parar no rio que corria na montanha. A mãe morreu com o impacto; a filha ficou presa no carro enquanto o veículo se enchia com água gelada. Ela ficou em estado de parada cardíaca e respiratória por um período prolongado, até a chegada da equipe de resgate.

A partir daquele momento tudo decorreu com precisão. Ao ser retirada do veículo e submetida ao procedimento de ressuscitação cardiopulmonar, o hospital já havia sido notificado das condições da vítima. A equipe de resgate a levou para lá em questão de minutos. A equipe cirúrgica a conduziu diretamente para a sala de operações e a conectou ao coração-pulmão artificial. Um passo se seguiu a outro. E, por causa dessa velocidade, a menina teve uma chance.

À medida que a temperatura se elevava, o coração começou a reagir. Na UTI, um respirador mecânico, fluidos e medicamentos intravenosos aceleravam a reação enquanto o corpo se recuperava. No dia seguinte, os médicos removeram os cateteres e os tubos. Um dia depois, ela já estava sentada na cama, pronta para receber alta.

3
O fim do mestre de obras

Quatro gerações depois da adoção dos primeiros checklists na aviação, uma lição está começando a ficar clara: os checklists são ferramentas capazes de proteger qualquer pessoa, mesmo as mais experientes, de falhas em muito mais tarefas do que se pensara. Eles fornecem uma espécie de rede cognitiva que ajuda a captar lapsos mentais inerentes a todos nós – lapsos de memória, atenção e concentração total. E, por isso, apresentam possibilidades inesperadas.

Supõe-se, porém, que também tenham limitações. Portanto, um primeiro passo fundamental é identificar os tipos de situações em que os checklists são úteis e aqueles em que não passam de perda de tempo.

Dois professores que estudam a ciência da complexidade – Brenda Zimmerman, da Universidade York, e Sholom Glouberman, da Universidade de Toronto – propuseram uma diferenciação entre três tipos de problemas: os simples, os complicados e os complexos.[1] Problemas simples, segundo eles, são como preparar um bolo. Há uma receita. Às vezes, é preciso aprender algumas técnicas básicas. Porém, depois que esses fundamentos são dominados, seguir a receita oferece alta probabilidade de sucesso.

Os problemas complicados são como enviar uma sonda espacial à Lua. Por vezes, é possível desdobrá-los numa série de problemas simples, mas não há receita pronta. O sucesso quase sempre exige a participação de muitas pessoas, não raro de várias equipes, além de conhecimentos especializados. Imprevistos são frequentes. A programação e a coordenação das atividades se tornam preocupações sérias.

Os problemas complexos são como educar os filhos. Depois que se aprende a enviar sondas à Lua, é possível repetir e aperfeiçoar o processo. Uma sonda é como outra sonda. Porém, não é assim na criação de filhos, observam os professores. Cada criança é absolutamente única e singular. Nem a experiência que se adquire com a educação do primeiro filho oferece qualquer garantia de sucesso na educação do segundo. A expertise é valiosa, mas não é suficiente. Muitas vezes, o próximo filho pode exigir métodos completamente diferentes dos adotados com êxito na criação do anterior. E aqui surge outra característica dos problemas complexos: os resultados são bastante incertos. No entanto, todos sabemos que é possível conseguir bons resultados na educação dos filhos. Só é complexo.

Ao refletir sobre como evitar acidentes aéreos, em 1935; prevenir infecções de cateteres venosos centrais, em 2003; ou ressuscitar vítimas de hipotermia e afogamento hoje, concluí que o problema fundamental em cada caso era simples, apesar da quantidade de fatores envolvidos. No primeiro caso, a necessidade era apenas focar nos controles do leme e do profundor; manter a esterilidade, no segundo; e uma preparação para intervenções cardíacas, no terceiro. Em consequência, todos esses fatores críticos eram suscetíveis ao que os engenheiros denominam "funções forçadas": soluções relativamente objetivas e diretas que obrigam ao comportamento necessário – soluções como checklists.

A toda hora somos assediados por problemas simples. Na medicina, entre as falhas banais se incluem não usar máscara ao instalar cateteres venosos centrais ou não se lembrar de que uma das causas de paradas cardíacas é overdose de potássio. Na advocacia, nessa categoria se situam a perda de prazos processuais ou o esquecimento de argumentos básicos de defesa em acusações de fraude tributária ou de delito penal. Nas investigações policiais, aí se encaixam, no reconhecimento de suspeitos por testemunhas oculares, não advertir as testemunhas oculares de que o criminoso talvez não esteja entre os suspeitos alinhados para reconhecimento. Os checklists são eficazes na prevenção desses erros elementares.

No entanto, boa parte das atividades mais importantes do trabalho profissional não é assim tão simples. Conectar um cateter venoso central é apenas uma das 178 tarefas a serem coordenadas e executadas todo dia por uma equipe de UTI e aqui cabe indagar se seremos capazes de criar e de seguir checklists eficazes para todas elas. E, mesmo que isso seja possível, seria prático? Não existem receitas exatas para o atendimento de pacientes de UTI. Esse trabalho exige a coordenação de várias combinações de tarefas executadas por profissionais diferentes, em condições diversas, questões que não podem ser controladas por simples funções forçadas.

Além disso, os indivíduos são diferentes entre si e não podem ser padronizados como foguetes. Somos seres complexos. Dois pacientes com pneumonia jamais apresentam exatamente as mesmas condições patológicas. Até quando estão com a mesma bactéria, com a mesma tosse, com a mesma falta de ar, com a mesma necessidade de oxigênio e precisam do mesmo antibiótico, um paciente pode melhorar e outro, piorar. Os médicos devem estar preparados para reviravoltas inesperadas que mesmo o mais completo dos checklists é incapaz de prever. A medicina envolve todo o espectro de problemas – os simples, os complicados e os complexos – e, em certas ocasiões, o médico simplesmente precisa fazer o que tem que ser feito naquele caso único. Esqueça a papelada. Cuide do paciente.

Venho pensando nessas questões há muito tempo. Quero ser

um bom médico para meus pacientes. E escolher seguir o próprio julgamento ou um protocolo é fundamental para realizar um bom trabalho – ou para executar qualquer outra atividade difícil. É fundamental fazer certo as coisas elementares. Mas também é importante deixar espaço para o julgamento e para a criatividade, bem como para a capacidade de reagir a contratempos inesperados que podem surgir ao longo do processo. O valor do checklist para a solução eficaz de problemas simples é evidente. Porém, será que essa ferramenta pode contribuir para evitar falhas e fracassos quando as situações envolvem todo tipo de problemas, desde os mais simples até os mais complexos?

Encontrei a resposta num lugar improvável. Um dia, deparei com ela ao andar pela rua.

✓

Numa manhã ensolarada de janeiro, em 2007, eu me dirigia do estacionamento para a entrada principal no nosso hospital quando avistei um novo edifício em construção para o centro médico. Naquela época, era apenas um esqueleto de vigas de aço, mas já alcançava a altura de 11 andares, ocupava todo um quarteirão e parecia ter subido quase da noite para o dia. Parei um instante e fiquei em pé na esquina, observando um operário soldar um encaixe enquanto se equilibrava numa viga mestra, quatro andares acima de mim. Fiquei pensando: como será que ele e todos os outros operários sabem que estão fazendo a coisa certa, da maneira certa? Como podem ter certeza de que toda essa estrutura não desabará de uma hora para outra?

O edifício não era dos maiores. Abrigaria 150 quartos individuais e 16 salas de operações sofisticadas (algo que eu mal podia esperar). Nada fora do comum. Edifícios maiores eram construídos o tempo todo pelo país afora.

No entanto, aquele não era um empreendimento pequeno, como o funcionário do hospital responsável pela obra me explicou depois. Segundo ele, o edifício teria mais de 32.500 metros quadrados, 3 andares no subsolo e 11 acima da superfície. Custaria US$ 360 milhões e exigiria 3.885 toneladas de aço, quase 10 mil metros cúbicos de concreto, 19 unidades de ar-condicionado, 16 elevadores, uma torre de resfriamento e um gerador de emergência. Os operários teriam de escavar mais de 75 mil metros cúbicos de terra e instalar cerca de 20 mil metros de tubulação de cobre, quase 75 quilômetros de conduítes e mais de 152 quilômetros de fios elétricos.

E, além disso, pensei comigo mesmo, essa coisa não poderia cair.

Ao olhar para aquele edifício enorme, que teria que ficar em pé sem inclinar nem desabar, mesmo durante um terremoto, e pensar em como tantos operários teriam certeza de que estavam fazendo tudo da maneira certa, percebi que a questão envolvia dois componentes. Primeiro: como poderiam saber que tinham o conhecimento certo? Segundo: como poderiam saber que estavam aplicando corretamente esse conhecimento?

Ambos os aspectos eram traiçoeiros. Ao projetar um edifício, os especialistas devem considerar uma variedade imensa de fatores: as características do solo, as dimensões e o peso da estrutura, a resistência dos materiais disponíveis e a geometria da construção, para mencionar apenas alguns deles. Em seguida, na conversão dos projetos em realidade, eles enfrentam outra gama de dificuldades para garantir que todos os trabalhadores e equipamentos executem o trabalho conforme as especificações, na sequência exata, mantendo, ao mesmo tempo, flexibilidade suficiente para se ajustarem a contratempos e a mudanças inesperadas.

No entanto, a construção civil é um sucesso comprovado e pouco questionado. Em todo o mundo, erguem-se milhões de edifícios, não obstante a complexidade crescente das obras, em prazos cada vez mais exíguos. Além disso, o trabalho na linha de frente – desde o manuseio de materiais até as instalações elétricas e eletrônicas de UTIs – exige uma especialização cada vez maior, da mesma maneira que ocorre com médicos, professores e outros profissionais.

✓

Fui conversar com Joe Salvia, o engenheiro estrutural da nova ala de nosso hospital. Eu queria saber como era o trabalho na profissão dele e logo constatei que procurara a pessoa certa. Sua empresa, a McNamara/Salvia, prestou serviços de engenharia estrutural desde fins da década de 1960 na construção dos maiores prédios de hospitais em Boston e também de muitos hotéis, torres comerciais e condomínios residenciais.[2] A empresa fez a reconstrução estrutural do Fenway Park, o estádio de beisebol do Boston Red Sox, com 36 mil assentos. E vem se especializando em projetar e construir grandes e complexas estruturas em todo o país.

O arranha-céu mais alto de Salvia é uma torre de 80 andares, em Miami. Em Providence, Rhode Island, a empresa construiu um shopping center que exigiu uma das maiores encomendas de aço da Costa Leste (mais de 24 mil toneladas). Também participou do maior projeto comercial do mundo – o Meadowlands, complexo de entretenimento e esportes em East Rutherford, Nova Jersey, que abriga um estádio para as equipes de futebol americano do New York Giants e do New York Jets, uma sala de espetáculos com 3 mil lugares, o maior conjunto multiplex de cinemas do país e o SnowPark, o primeiro resort de esqui indoor dos Estados Unidos. Nos últimos anos, os engenheiros da McNamara/Salvia executaram de 50 a 60 projetos por ano, o que daria quase um novo edifício por semana. E nenhum de seus edifícios correu o mais remoto risco de desmoronar.

Então perguntei a Salvia, no escritório dele, no centro de Boston, como ele garantia a qualidade e a segurança dos edifícios que projetava e construía. Na época com 61 anos, Joe Salvia é quase totalmente calvo, fala com um forte sotaque de Boston e tem um jeito animado e relaxado que eu não esperava encontrar num engenheiro.

Ele me falou sobre seu primeiro projeto: um telhado para uma pequena praça de shopping. Tinha 23 anos e acabara de sair da universidade.

Quando entrou na Summer Shane, empresa de engenharia de edificações especializada em engenharia estrutural para shopping centers, já estava formado mas ainda não tinha construído nada. Um de seus projetos foi o sistema de telhado de um novo shopping center no Texas. E, então, descobriu que de fato compreendera muita coisa do que havia aprendido nos livros e nos códigos de obras sobre a construção de telhados resistentes.

Ele sabia projetar estruturas de aço usando vigas e colunas. E os manuais de normas técnicas de obras definiam as especificações de resistência do aço, composição do solo, sustentação do peso da neve, tolerância às pressões do vento e até de resiliência a terremotos. Tudo o que ele precisava fazer era considerar esses elementos na elaboração do projeto conforme as cláusulas contratuais, que definiam o tamanho do prédio, o número de andares, a localização das lojas e das baias de abastecimento. Enquanto falava, ele esboçava uma planta baixa numa folha de papel. De início, um simples retângulo. Depois, as paredes das lojas, as entradas, as vitrines, os corredores. O desenho começava a tomar forma.

"Você traça uma grade de pontos de sustentação prováveis para suportar o peso do telhado", explicou ele, rabiscando pequenas cruzes onde as colunas poderiam ser colocadas. "O resto é álgebra. Você resolve a equação para encontrar o valor de x."

Basta calcular o peso do telhado com base no tamanho e na espessura e, então, supondo a instalação de colunas a cada 10 metros, por exemplo, você calcula o diâmetro e a força da coluna. Depois, é só refazer e conferir os cálculos para confirmar se atendeu a todas as especificações.

Tudo isso ele aprendeu na faculdade. Porém, logo descobriu que havia mais – muito mais – que não lhe tinham ensinado no curso. "Você estuda o que é melhor na teoria, mas não sabe o que pode ser feito na prática", comentou.

Havia a questão do custo, por exemplo, de que ele não tinha nem ideia. A quantidade e o tipo de material utilizado alteravam o valor do projeto. Também era preciso considerar a estética e as preferências dos clientes, que não queriam uma coluna no meio do corredor, por exemplo, ou bloqueando determinada linha de visão.

"Se os engenheiros decidissem tudo sozinhos, todos os edifícios seriam uma caixa retangular", disse Salvia.

No entanto, cada novo prédio é diferente, com uma arquitetura única – estamos falando de itens complexos –, e, em consequência, raramente se encontram fórmulas de compêndios para a solução dos problemas que surgem na construção. Tempos depois, por exemplo, quando já fundara sua própria empresa, Salvia e sua equipe foram responsáveis pela engenharia estrutural do Boston International Place, um marco arquitetônico com 46 andares de aço e vidro, projetado pelo arquiteto Philip Johnson. O projeto era inusitado, com o formato até então inédito para um arranha-céu de um cilindro dentro de um retângulo. Sob o ponto de vista da engenharia estrutural, explicou Salvia, os cilindros são problemáticos. O quadrado oferece mais 60% de firmeza se comparado ao círculo, e, em caso de furacões ou terremotos, os prédios devem ser capazes de resistir às tendências de torção ou de inclinação. Porém, naquele caso específico, tratava-se de um cilindro distorcido, e ele e a equipe tiveram que criar a engenharia necessária para realizar a visão estética de Johnson.

O primeiro telhado de shopping center de Salvia pode ter sido uma proposta mais simples, mas, na época, pareceu-lhe que as dificuldades não tinham fim. Além dos aspectos relativos a custo e estética, ele também precisava atender às especificações de todos os outros profissionais envolvidos: engenheiros hidráulicos, engenheiros eletricistas, engenheiros mecânicos – todos querendo instalar encanamentos, conduítes, tubulações de aquecimento, ventilação e ar condicionado exatamente onde as colunas deveriam ficar.

Salvia compara um edifício a um corpo. Ele é composto de carne, esqueleto e sistema vascular – o encanamento hidráulico. Também tem um sistema respiratório – a ventilação. E um sistema nervoso – a fiação elétrica. Juntando tudo, os projetos hoje envolvem cerca de 16 diferentes ofícios.

Ele pegou o projeto de um arranha-céu de 122 metros de altura que estava construindo e folheou o sumário para me dar ideia do conteúdo. Cada ofício havia contribuído com uma seção específica. Havia seções para tudo: sistemas de transporte interno (elevadores e escadas rolantes), sistemas mecânicos (aquecimento, ventilação, encanamento, ar condicionado, proteção contra incêndios), alvenaria, estruturas de concreto, estruturas de metal, sistemas elétricos, portas e janelas, sistemas térmicos e de umidificação (inclusive impermeabilização e isolamento térmico e acústico), carpintaria estrutural e de acabamento, canteiro de obras (escavação, coleta de esgoto e águas pluviais, passarelas) – todos os detalhes, até o acabamento final, abrangendo pintura, paisagismo e desinsetização.

Todas as contribuições isoladas precisavam ser incluídas. No entanto, elas também tinham que se encaixar umas nas outras para que o projeto fizesse sentido como um todo. E tudo devia ser executado com exatidão e coordenação. Considerando todos esses fatores, as complexidades pareciam massacrantes. Salvia me contou que, para gerenciá-las, todo o setor de construção civil foi obrigado a evoluir.

Ele também explicou que, durante boa parte da história moderna, remontando à Idade Média, a construção civil dependeu de mestres de obras que elaboravam o projeto, desenvolviam a engenharia e supervisionavam a construção, do começo ao fim, dos alicerces ao telhado. Mestres de obras construíram a Catedral de Notre Dame, a Basílica de São Pedro e o prédio do Congresso dos Estados Unidos. Porém, em meados do século XX, os mestres de obras já estavam mortos e enterrados. A variedade e a sofisticação dos avanços em todos os estágios do processo de construção haviam superado em muito a capacidade do mais brilhante dos indivíduos.

Na primeira divisão do trabalho, o projeto de arquitetura e engenharia se separou da construção. Em seguida, item a item, cada componente se tornou mais especializado e se desmembrou, até que os arquitetos ficaram de um lado, em geral em suas próprias áreas de especialização, e os engenheiros, de outro, com seus diversos tipos de expertise. Os construtores também se fragmentaram em diferentes divisões, desde locadores de guindastes até marceneiros de acabamento. Em outras palavras, a área se tornou muito semelhante à medicina, com todos os seus especialistas e superespecialistas.

No entanto, a medicina insiste num sistema criado na era do mestre de obras – um sistema em que um médico experiente com um receituário, uma sala de cirurgia e alguns auxiliares que cumprem suas orientações e cuidam da rotina dos pacientes planeja e executa toda a assistência médica, do diagnóstico à alta, passando pelo tratamento. A medicina tem sido lenta em se adaptar à realidade atual, quando um terço dos pacientes, no último ano de vida, tem pelo menos 10 médicos especialistas participando de sua saúde de forma direta e, provavelmente, muitos outros profissionais da área, como enfermeiros, técnicos, fisioterapeutas, farmacêuticos e cuidadores.[3] E a prova de nossa lerdeza em nos adaptarmos às novas condições são as altas taxas de duplicação ou de omissão de assistência médica e a mais absoluta falta de coordenação entre os diversos especialistas.

Na construção civil, explicou Salvia, esse fracasso é inadmissível. Por mais complexos que tenham sido os problemas com que se defrontou no projeto e na construção daquele primeiro telhado de shopping center, ele compreendeu com muita rapidez que não havia margem para erro. Talvez fosse por causa do grande número de pessoas que morreriam se seu telhado desabasse sob o peso da neve. Ou quem sabe em razão das enormes indenizações que seriam impostas pelas inevitáveis ações judiciais. Porém, independentemente do motivo, arquitetos, engenheiros e construtores foram obrigados desde o começo do século XX a enfrentar o fato de que o modelo do mestre de obras era coisa do passado. Em virtude de sua inadequação às novas condições, o velho paradigma foi deixado de lado. E foi encontrado um modo diferente de fazer as coisas da maneira certa.

✓

Para me mostrar o que fazem, Salvia me levou para ver um dos canteiros de obras onde ele e a equipe estavam trabalhando. Por acaso a empresa tinha um projeto em andamento próximo ao escritório dele. O edifício Russia Wharf seria um amplo complexo de escritórios e de apartamentos, com 32 andares e 65 mil metros quadrados, construído em um terreno com 8 mil metros quadrados.

Os desenhos do projeto eram espetaculares. No passado, o Russia Wharf (Cais da Rússia) era o cais onde atracavam os navios mercantes que navegavam entre São Petersburgo e Boston, com tecidos e ferro para a indústria naval. O novo edifício de aço e vidro estava sendo erguido nessa zona portuária, encaixado em um átrio de 10 andares com uma fachada de tijolos de 110 anos, estruturas originais remanescentes do neoclassicismo e preservadas como parte da nova construção.

Começamos o tour pelo canteiro de obras. O miolo dos velhos prédios tinha sido retirado havia muito tempo e o esqueleto de aço da nova torre já havia subido até o décimo quarto andar. Um guindaste de torre se estendia até quatro andares acima da estrutura. Contornamos dois caminhões misturadores de concreto, vimos os policiais interrompendo o trânsito e nos desviamos de algumas poças de lama cinza para entrar no escritório improvisado da John Moriarty and Associates, empreiteira geral do projeto. Havia meia dúzia de salas onde homens e mulheres, a maioria usando botas de trabalho, calças jeans e coletes de segurança amarelos, com refletores, trabalhavam diante de computadores ou em torno de mesas de reuniões olhando para um slide em PowerPoint projetado numa tela.

Deram-me um capacete azul, pediram que eu assinasse um formulário de seguro e me apresentaram a Finn O'Sullivan, um irlandês com quase 1,90 metro de altura que atuava como "executivo do projeto" do edifício – eles não mais são chamados de "encarregados de obras", pelo que me disseram. O'Sullivan afirmou que supervisionava entre 200 e 500 trabalhadores, inclusive o pessoal de 60 empreiteiras. Fiquei impressionado com o volume de conhecimento e com o grau de complexidade das atividades que ele gerenciava. O'Sullivan tentou explicar como ele e os colegas se certificavam de que todo aquele pessoal fazia o trabalho da maneira correta, que o edifício seria construído rigorosamente conforme o projeto e as especificações, apesar do enorme número de considerações e não obstante a realidade de que ele jamais teria condições de compreender em profundidade os detalhes da maioria das tarefas. Mas só entendi de fato a explicação depois que ele me levou à principal sala de reuniões. Lá, nas paredes que cercavam uma grande mesa branca oval, viam-se afixadas numerosas folhas de papel impressas que, para minha surpresa, não passavam de checklists.

Na parede à direita de quem entrava, estava a programação da construção. Ao examiná-la de perto, vi uma listagem linha a linha, dia a dia, de todas as atividades do projeto a serem executadas, na sequência certa e com indicação da data de início – o derramamento do concreto do décimo quinto andar no dia 13 do mês, uma entrega de aço no dia 14 e assim por diante. A programação se estendia por numerosas folhas. Havia um código de cores especial, com itens em vermelho que destacavam atividades críticas a serem executadas antes de outras, como condição necessária. Um supervisor de área informava a conclusão de cada atividade a O'Sullivan, que então ticava o item como feito no arquivo de computador que gerava a programação. Semanalmente, ele afixava novas folhas impressas, atualizando o andamento do projeto, às vezes com mais frequência, dependendo da situação. A programação da construção era basicamente um longo checklist.

Como todo edifício é uma nova criatura, com peculiaridades próprias, todo checklist de construção também é único. Ele é elaborado por um grupo formado por representantes de cada um dos 16 ofícios, inclusive, nesse caso, alguém da empresa de Salvia para se assegurar de que as fases da engenharia estrutural estavam integradas de maneira adequada ao conjunto. Então, o checklist completo é enviado às empreiteiras e a outros especialistas independentes para que se certifiquem mais uma vez de que tudo está correto e de que nada foi omitido.

Os resultados são notáveis: uma sequência de verificações diárias que orientam a construção do edifício e garantem a aplicação do conhecimento de centenas ou talvez milhares de pessoas no lugar certo, na hora certa e da maneira certa.

A programação da construção do Russia Wharf foi concebida para que o projeto fosse executado em camadas e pude distingui-las quando Bernie Rouillard, principal engenheiro estrutural de Salvia no projeto, me levou para conhecer o canteiro de obras. Coloquei o capacete e segui Rouillard, contornando pilhas de sucata enferrujada, percorrendo uma trilha de placas de madeira que serviam como acesso ao edifício, para, finalmente, entrar num elevador laranja, em forma de gaiola, que escalou uma das fachadas laterais do esqueleto até o décimo quarto andar. Saltamos num vasto piso de concreto cinza, sem paredes, onde havia apenas colunas de aço com mais de 3 metros de altura contornando as laterais, nada mais que um núcleo retangular de concreto maciço no centro e a cidade fervilhante lá embaixo, descortinando-se à nossa volta.

"Você pode ver tudo daqui", disse Rouillard, acenando para que eu me juntasse a ele na beira da laje. Viramos as costas para a cidade e ele me mostrou as pilastras de metal, entre o chão e o teto, que sustentavam o andar em construção acima.

O engenheiro me disse que a etapa seguinte seria o revestimento à prova de fogo.

Perguntei se as vigas tinham que ser à prova de fogo e ele me disse que sim. Num incêndio, o metal fica flexível: perde a rigidez e dobra feito espaguete. Foi por isso que as torres do World Trade Center desabaram.

Depois, ele me levou por uma escada para o andar de baixo. Lá, eu vi o revestimento à prova de fogo sobre as vigas, uma substância à base de gesso que deixa a superfície acinzentada e lanosa.

Descemos mais alguns andares e ele me mostrou que a "pele" do edifício já fora instalada naqueles níveis. A fachada de aço e vidro reluzente já havia sido encaixada nos pisos de concreto, a pequenos intervalos regulares. À medida que descíamos, mais avançadas estavam as camadas. As equipes de uma empreiteira já tinham afixado paredes à "pele". Os encanadores instalaram as tubulações de água e esgoto. Os dutos de ventilação também já estavam no lugar. Quando chegamos aos andares mais baixos, pude ver os componentes de alvenaria, as instalações elétricas e hidráulicas e até alguns complementos, como corrimãos de escada. A complexidade de todo o processo era impressionante.

✓

Nos andares mais altos, contudo, não pude deixar de observar algo que não me pareceu certo, mesmo a meus olhos de leigo. Chovera recentemente e em cada um dos andares abertos se acumulara muita água em grandes poças, avolumando-se contra a parede do núcleo de concreto. Era como se o chão estivesse inclinado para dentro, à semelhança de uma tigela.

Rouillard disse que os proprietários também viram essas poças e não ficaram muito satisfeitos. Provavelmente o enorme peso do núcleo de concreto, combinado com a composição específica do solo, havia feito com que toda aquela área central se acomodasse mais cedo que o previsto. Mas a estrutura de aço externa não tinha recebido todo o peso que viria a suportar – ainda havia 18 andares a serem erguidos –, e isso devia ser a causa desse afundamento do núcleo de concreto e da consequente inclinação do piso. Depois que todo o peso estivesse sobre a estrutura de metal, os pisos deveriam se nivelar.

O mais fascinante para mim não foi a explicação dele, mas saber que a inclinação dos andares superiores era uma situação não prevista no checklist da construção. No mínimo, a situação exigia a remoção da água, o que atrasaria a programação da construção. Aquele fator sozinho poderia descarrilar os meticulosos planos dos construtores. Além disso, seria preciso determinar se a inclinação era indício de uma falha grave de construção. Fiquei curioso para saber como tinham resolvido a questão, pois a incerteza era inquestionável. Como eles poderiam se assegurar de que se tratava apenas de uma simples acomodação imprevista, que o aumento da carga sobre as estruturas de aço nivelaria os pisos? Como reconheceu Rouillard, "estamos sujeitos a discrepâncias". Aquela era uma situação realmente complexa.

De volta ao escritório improvisado, perguntei a Finn O'Sullivan como ele e a equipe estavam lidando com aquela circunstância. Afinal, construtores de arranha-céus devem deparar com milhares de situações como aquela, dificuldades que nunca poderiam ter previsto e incluído num checklist preparado antecipadamente. A maneira como os médicos enfrentam esses problemas – com as nuances inevitáveis de cada caso – é deixá-los por conta dos especialistas. Dá-se autonomia aos especialistas. Nesse caso, Rouillard era o especialista. Se o canteiro de obras fosse uma enfermaria ou um centro cirúrgico, o julgamento pessoal dele seria a última palavra.

No entanto, essa abordagem tem um defeito, como observou O'Sullivan. Como um paciente, um edifício envolve vários especialistas – os 16 ofícios. Na falta de um verdadeiro mestre de obras, de um sábio supremo, onisciente, com o domínio de todos os conhecimentos existentes, a autonomia é um desastre. Produz apenas uma mixórdia de decisões incompatíveis, além de falhas e omissões ignoradas. O produto seria um edifício torto. O exemplo me lembrou a medicina em seu pior exercício.

"Mas o que vocês fazem para dar conta de tudo?", perguntei. O'Sullivan me mostrou então outra folha de papel afixada na sala de reuniões. Na parede esquerda, oposta àquela em que estava a programação da construção, via-se outra grande folha de papel, quase idêntica, denominada "programação de consultas".

Também era um checklist, mas não especificava atividades de construção, e sim atividades de comunicação. Os gerentes de projetos lidam com o inesperado e com a incerteza garantindo que os especialistas falem uns com os outros – na data X, com referência ao projeto Y. Os especialistas podem formular seus julgamentos pessoais, mas devem fazê-lo como membros de uma equipe, que levam em conta os interesses e as preocupações uns dos outros, discutem as ocorrências imprevistas e chegam a um acordo quanto às soluções. Embora não seja possível se antecipar a todos os problemas, é possível prever onde e quando podem acontecer. Portanto, o checklist detalha quem deve consultar quem, em que data e sobre que aspectos da construção – quem deve compartilhar determinadas informações antes da execução da próxima atividade.

Aquela programação de consultas especificava, por exemplo, que até o fim do mês as empreiteiras, os instaladores e os engenheiros de elevadores tinham que analisar as condições dos carros dos elevadores que iam até o décimo andar. Os carros dos elevadores eram produzidos e testados em fábricas especializadas e eram instalados por especialistas. Mas não se esperava que fossem funcionar com perfeição. Muito pelo contrário. Partia-se do princípio de que qualquer coisa poderia sair errada, qualquer coisa poderia ser esquecida. Essa é a natureza da complexidade. Mas também se supunha que, caso as pessoas certas se reunissem e passassem algum tempo trocando ideias como uma equipe em vez de impor soluções como indivíduos, problemas sérios poderiam ser identificados e evitados.

Assim, a programação de consultas promovia e incentivava conversas. As empreiteiras precisavam conversar com os instaladores e com os engenheiros de elevadores no dia 31. Também tinham que falar sobre proteção contra incêndios com os especialistas da área no dia 25. E, duas semanas antes, tinham trocado ideias com os engenheiros estruturais, com um consultor e com os proprietários sobre as condições da coluna central e sobre o piso nos andares superiores, onde a água havia empoçado.

Vi que o item em questão estava ticado. A conversa se realizara. Perguntei a Rouillard como fora a reunião. "Muito boa", respondeu ele. "Todos falaram e analisaram as possibilidades. Os proprietários e as empreiteiras se convenceram de que era razoável esperar que os pisos se nivelassem. Providenciou-se a limpeza, a programação foi ajustada e todos pareceram satisfeitos."

✓

Por não saberem se, em circunstâncias complexas, os resultados realmente corresponderão às expectativas, os construtores confiam no poder da comunicação. Eles não acreditam na sabedoria do indivíduo isolado, nem mesmo nas opiniões de um engenheiro experiente. Confiam na sabedoria do grupo, na eficácia de reunir muitos pares de olhos para analisar o problema e depois permitir que os observadores decidam o que fazer.

Numa sala dos fundos do escritório improvisado, Ryan Walsh, um jovem de mais ou menos 30 anos, com cabelos quase raspados, usando um colete amarelo com refletores, estava sentado diante de dois monitores de tela plana. O trabalho dele, segundo me explicou, era reunir todos os planos de construção, elaborados por cada um dos principais ofícios, e fundi-los numa imagem computadorizada tridimensional do edifício. Ele me mostrou, na tela do computador, como seria o andar mais alto. Por enquanto, ele só havia incluído as especificações de nove dos ofícios – as especificações estruturais, as dos elevadores, do encanamento e assim por diante. Com o mouse, nos levou num tour pelo edifício, como se estivéssemos passeando pelos corredores. Viam-se as paredes, as portas, as válvulas de segurança, tudo. Mais objetivamente, também era possível identificar problemas – por exemplo, um lugar onde não havia altura suficiente para uma pessoa de estatura mediana. Ele também me mostrou um aplicativo denominado Clash Detective, que revelava todos os casos em que as diferentes especificações conflitavam umas com as outras ou com as normas técnicas.

"Se houver uma viga estrutural num ponto onde deveria ser instalada uma luminária, o Clash Detective destaca a viga com uma cor diferente na tela", explicou ele. "Desse modo é possível identificar centenas de divergências. Uma vez, encontrei 2 mil." Mas não basta mostrar o problema na tela, como ele mesmo salientou. É preciso resolvê-lo e, para tanto, as partes interessadas devem conversar. Prevendo essa necessidade, o aplicativo também destaca a questão no impresso da programação de consultas e encaminha um e-mail para cada um dos envolvidos.

Ainda há outro aplicativo, denominado ProjectCenter, que permite que qualquer pessoa – inclusive os trabalhadores da linha de frente – que identifique um problema possa enviar um e-mail às partes interessadas, acompanhar o progresso e garantir que o item seja incluído na programação de consultas e depois ticado assim que todos conversarem e resolverem a questão. Quando voltamos ao escritório da McNamara/Salvia, Bernie Rouillard me mostrou um dos e-mails que recebera naquela semana. Um trabalhador havia anexado uma fotografia de uma viga de aço, com mais ou menos 4 metros de comprimento, que ele estava aparafusando. Ela não estava bem alinhada e apenas dois dos quatro parafusos encaixavam. O trabalhador queria saber se poderia prosseguir com o trabalho mesmo assim. Diante da resposta negativa de Rouillard, eles chegaram juntos a uma solução: soldar a viga no lugar. Além disso, o e-mail foi encaminhado automaticamente para a empreiteira principal e para outros destinatários que pudessem contribuir. Cada destinatário tinha o prazo de três dias para confirmar que não se opunha à ideia proposta. E todos precisavam acusar o recebimento da comunicação, pois o tempo necessário para essa pequena correção podia mudar toda a sequência das próximas atividades.

Joe Salvia já me dissera que o principal avanço na ciência da construção civil nas últimas décadas havia sido o aprimoramento dos processos de monitoramento e de comunicação. Mas apenas agora eu compreendia sua declaração.

✓

A disposição com que a construção civil aplica estratégias de monitoramento e de comunicação para resolver problemas de qualquer complexidade e gravidade é admirável. O sócio de Salvia, Robert McNamara, por exemplo, foi um dos engenheiros estruturais na construção do edifício do Citicorp (hoje, Citigroup), no centro de Manhattan, com seu emblemático telhado inclinado. O prédio foi planejado para se erguer a quase 300 metros de altura sobre quatro colunas no estilo de pilotis, fincadas não nos cantos do edifício, mas no centro de cada lado, e afixadas por gigantescos braços ocultos, em forma de "V", projetados por William LeMessurier, principal engenheiro estrutural da construção.[4] O efeito visual seria arrebatador. A estrutura colossal daria a impressão de estar quase flutuando sobre a rua 53. No entanto, testes de um modelo em túnel de vento revelaram que o arranha-céu se elevava tão acima dos prédios ao redor que ficaria sujeito a correntes de ar e a turbulências com forças equivalentes às enfrentadas apenas por projetistas de aeronaves, não por engenheiros estruturais.

Em face dessas restrições, o que eles fizeram? Não abandonaram o projeto arquitetônico nem reduziram as dimensões do edifício para algo menos ambicioso. Em vez disso, McNamara propôs uma nova solução, denominada "tuned mass damper", ou amortecedor de massa sintonizado. A proposta era suspender um imenso bloco de concreto de 400 toneladas sobre molas enormes no topo da construção de modo que, quando o vento empurrasse o edifício num sentido, o bloco se inclinaria no outro sentido, estabilizando-o.

A solução foi brilhante e elegante. Os engenheiros fizeram alguns testes em túnel de vento com um modelo do projeto e os resultados foram animadores. No entanto, sempre há alguma chance de erro e algum grau de imprevisibilidade em projetos dessa complexidade. Assim, os construtores reduziram a margem de erro recorrendo à melhor abordagem que conheciam – dedicando algum tempo a assegurar que todos conversassem sobre o assunto como uma equipe. O dono do edifício se reuniu com o arquiteto, com alguém da secretaria de obras da cidade, com os engenheiros estruturais e com outros participantes do projeto. Em conjunto, reexaminaram a ideia e todos os cálculos que lhe serviram de base. Confirmaram que todas as possibilidades imagináveis haviam sido consideradas. Por fim, endossaram o plano e o arranha-céu foi construído.

É assustador imaginar que permitimos o projeto e a construção de edifícios desse porte e com essa complexidade no meio de nossas grandes cidades, com milhares de pessoas em seu interior e dezenas de milhares de outras morando ou trabalhando nas cercanias. À primeira vista, parece algo arriscado e imprudente. No entanto, aceitamos essas situações por confiarmos na capacidade que os especialistas têm de gerenciar a complexidade. Eles, por sua vez, não se baseiam apenas em suas qualificações e habilidades individuais para fazer tudo dar certo. Em vez disso, dependem de dois conjuntos de checklists, um para garantir que não ignorem nem pulem tarefas simples e outro para assegurar que todos os participantes conversem entre si para analisar e resolver cada problema difícil e inesperado.

"A principal causa de erros graves neste negócio é falha na comunicação", disse-me O'Sullivan.

Na construção do Citicorp, por exemplo, os cálculos do projeto para estabilizar o prédio se baseavam no fato de que as juntas dos braços gigantes na base do edifício seriam soldadas. A solda de juntas, porém, exige muita mão de obra e, portanto, é muito cara. A Bethlehem Steel, contratada para erigir a torre, propôs a substituição da ideia original por juntas aparafusadas, que não são tão fortes, sugerindo que parafusos e porcas seriam suficientes. Porém, conforme revelou depois um artigo na revista *The New Yorker*, esses cálculos, por algum motivo, não foram revistos por LeMessurier.[5] Ignorou-se esse ponto de verificação.

Não se sabe ao certo se uma análise oportuna teria levado LeMessurier a reconhecer o problema na época. Porém, em 1978, um ano depois da inauguração do edifício, ele descobriu a mudança após ser instigado por uma pergunta de um estudante de engenharia de Princeton. E descobriu que ela havia provocado um erro fatal: o edifício não resistiria a ventos com velocidade superior a 110 quilômetros por hora – que, de acordo com os registros meteorológicos, ocorreriam pelo menos uma vez a cada 55 anos na cidade de Nova York. Nessas condições, as juntas se romperiam e o edifício desabaria a partir do trigésimo andar. Àquela altura, a torre já estava totalmente ocupada.

LeMessurier transmitiu a notícia para os proprietários e para as autoridades municipais. Naquele verão, enquanto o furacão Ella se aproximava da cidade, uma equipe de emergência trabalhava à noite, em sigilo, para soldar chapas de aço com cerca de 5 centímetros de espessura em torno dos 200 parafusos críticos, garantindo, assim, a segurança do edifício. E a torre do Citicorp se manteve firme desde então.

Como se vê, o processo de checklists do setor de construção civil não é infalível na detecção de problemas. Entretanto, seu histórico de sucessos tem sido espantoso. Nos Estados Unidos, existem mais de 5 milhões de edifícios comerciais, 100 milhões de casas baixas e 8 milhões de prédios residenciais.[6] A cada ano, acrescentam-se a esses números cerca de 70 mil novos prédios comerciais e 1 milhão de novas casas. Porém, mesmo diante dessas estatísticas, os "erros de construção", definidos como desmoronamento parcial ou total de uma estrutura em funcionamento, são extremamente raros, sobretudo no caso de arranha-céus. De acordo com um estudo da Universidade do Estado de Ohio, de 2003, ocorrem em média nos Estados Unidos apenas 20 "erros de construção" graves por ano. Trata-se de uma incidência anual de erros evitáveis inferior a 0,00002%. E, conforme Joe Salvia me explicou, embora os edifícios sejam hoje mais complexos e sofisticados do que em qualquer outra época da história, com especificações mais rigorosas sob quase todos os aspectos, desde resistência a terremotos até eficiência energética, o tempo que levam para ficarem prontos hoje é um terço menor do que quando ele iniciou sua carreira profissional.

Os checklists são eficazes.

4
A ideia

Existe um aspecto bastante instigante na estratégia que a construção civil emprega para acertar em situações complexas: dar poder às pessoas. Em resposta ao risco, a maioria das autoridades tende a centralizar o poder e a tomada de decisões. Em geral, os checklists consistem exatamente nisso – ditar instruções aos trabalhadores sob sua supervisão para ter a certeza de que realizarão as tarefas da maneira prevista. De fato, o primeiro checklist de construção civil que vi, a programação da construção do arranha-céu da sala de reuniões de O'Sullivan, era assim. Definia nos mínimos detalhes todas as tarefas críticas a serem executadas pelos diferentes profissionais, determinando o momento exato de sua execução – o que é apropriado quando se trata de problemas simples e rotineiros. É nesses casos que recorremos a "funções forçadas".

Porém, a lista na outra parede da sala de reuniões de O'Sullivan revelava uma filosofia bem diferente a respeito de poder e do que deve acontecer quando se enfrentam problemas complexos e não rotineiros – como, por exemplo, no momento em que surge uma anomalia imprevista e potencialmente perigosa no décimo quarto andar de um arranha-céu de 32 andares em construção. A filosofia consiste em transferir o poder decisório do centro para a periferia ou do topo para a base. Confere-se às pessoas espaço para se adaptar, com base na experiência e na expertise delas.

O que se pretende com isso é que conversem e que assumam a responsabilidade.

A estratégia é inesperadamente democrática e se tornou o padrão nos dias de hoje, segundo O'Sullivan, mesmo na fiscalização das construções. Os fiscais de obras não refazem os cálculos de resistência ao vento nem questionam se as juntas em determinado edifício devem ser aparafusadas ou soldadas, explicou ele. Determinar se uma estrutura como o Russia Wharf ou como a nova ala do meu hospital segue as especificações do código de obras e atende aos requisitos de ocupação envolve conhecimentos e qualificações que vão além da capacidade de um único inspetor. Portanto, embora os fiscais de obras se empenhem ao máximo para acompanhar a construção, a maioria se limita a verificar se os construtores dispõem de mecanismos de verificação adequados e a fazê-los assinar declarações de que eles próprios se asseguraram de que a estrutura cumpre as normas técnicas para obras. Assim, os fiscais distribuem o poder e a responsabilidade.

"Faz sentido", afirmou O'Sullivan. "Os fiscais de obras têm mais trabalho com a segurança de ampliações ou de reformas feitas pelos próprios moradores do que com projetos como o nosso. É nessas pequenas construções que eles concentram seus esforços." Além disso, também acho que pelo menos algumas autoridades reconhecem que, quando não delegam poder, as chances de erros e omissões são maiores. Basta ver o que aconteceu depois que o furacão Katrina atingiu Nova Orleans.

Em 29 de agosto de 2005, às 6 horas da manhã, o Katrina chegou a Plaquemines Parish, em Nova Orleans.[1] As primeiras notícias foram ilusoriamente tranquilizadoras. Sem linhas de telefonia fixa, sem torres de telefonia móvel e sem energia elétrica, não se dispunha das fontes de informação habituais. À tarde, os diques que protegiam a cidade já haviam cedido. Boa parte de Nova Orleans estava submersa. As provas inequívocas apareciam na televisão, mas Michael Brown, diretor da Agência Federal de Gestão de Emergências (Fema, na sigla em inglês), subestimou as evidências e garantiu em entrevista coletiva para a imprensa que a situação estava em grande parte sob controle.

A Fema se baseava em informações de várias fontes, mas apenas um agente estava de fato presente em Nova Orleans. O agente conseguiu sobrevoar a cidade naquela primeira tarde, em um helicóptero da Guarda Costeira, e despachou um relatório urgente pelo único meio disponível quando todas as linhas de comunicação haviam sido interrompidas: e-mail. Toda a área estava inundada, informou o e-mail. Ele próprio vira corpos flutuando na enchente e centenas de pessoas se amontoando sobre os telhados. Precisava-se de ajuda urgente. Porém, as altas autoridades do governo não usavam e-mail. E, conforme revelou um inquérito do Senado americano, só tomaram conhecimento da mensagem no dia seguinte.

A essa altura, 80% da cidade estava inundada. Vinte mil refugiados apinhavam o New Orleans Superdome. Outros 20 mil estavam no Centro de Convenções Ernest N. Morial. Mais de 5 mil pessoas se aglomeravam sobre um viaduto na Interestadual 10, algumas delas levadas para lá por equipes de socorro e a maioria carregando pouco mais que as roupas do corpo. Os hospitais estavam sem energia elétrica e em condições deploráveis. À medida que os refugiados se desesperavam em busca de comida e água, os saques se tornavam incontroláveis. O colapso do poder público e da sociedade civil era iminente.

Numerosas autoridades locais e colaboradores voluntários se esforçavam para contatar as autoridades e transmitir-lhes suas necessidades, mas também não conseguiam falar com ninguém. Quando, finalmente, expuseram a situação a alguém por telefone, foram instruídos a esperar – seus pedidos precisavam galgar os escalões hierárquicos. O tradicional sistema de comando e controle logo ficou sobrecarregado. Havia muitas decisões a serem tomadas e se dispunha de poucas informações sobre o que era necessário e onde se precisava de ajuda.

No entanto, as autoridades se recusavam a abandonar o modelo tradicional. Durante alguns dias, enquanto a situação se deteriorava a cada hora, as discussões se acirravam sobre quem tinha poderes para tomar decisões e fornecer recursos. O governo federal não delegava autoridade nem liberava ajuda para o governo estadual. Tampouco este último criava condições para uma atuação mais eficaz das autoridades locais. E ninguém facilitava a participação do setor privado e do voluntariado.

O resultado foi uma combinação de anarquia e burocracia exagerada, com consequências terríveis. Caminhões com água e alimentos eram parados e desviados ou não recebiam autorização de entrada pelas autoridades – a recepção e a distribuição de doações não faziam parte de seus planos. As requisições de ônibus para transporte de flagelados foram postergadas durante dias; os pedidos oficiais só chegaram ao Departamento de Transportes do governo federal dois dias depois que milhares de refugiados já se amontoavam em instalações precárias. Enquanto isso, 200 ônibus locais estavam estacionados, ociosos, em áreas mais altas na periferia da cidade.

O problema não era falta de empatia entre as autoridades, e sim falta de compreensão de que, diante de um problema de extraordinária complexidade, era necessário descentralizar o poder tanto quanto possível. Todos esperavam a ajuda oficial, mas numa conjuntura em que soluções centralizadas, controladas pelo governo, eram inviáveis.

Convocado para explicar os erros e omissões de consequências desastrosas das autoridades públicas, Michael Chertoff, secretário de Segurança Interna, afirmou que aquela fora uma "megacatástrofe", uma "tempestade incomparável" que "superou todas as previsões dos planejadores e, talvez, de qualquer pessoa". Mas isso não é explicação; é, simplesmente, a definição de uma situação complexa. E conjunturas desse tipo exigem soluções diferentes, que não se enquadram no paradigma de comando e controle em que se baseiam as autoridades tradicionais.

✓

De todas as organizações, foi muito estranho que o Walmart tenha sido a que melhor compreendeu a natureza complexa das circunstâncias, de acordo com um estudo de caso da Escola de Administração Pública Kennedy, de Harvard.[2] Informado sobre o que estava acontecendo, o então presidente da gigantesca rede varejista, Lee Scott, deu uma ordem simples: "Esta empresa responderá à altura do desastre", afirmou, numa reunião com diretores. "Muitos de vocês terão que tomar decisões acima de seu nível de autoridade. Tomem as melhores decisões possíveis, com base nas informações disponíveis na hora, e, acima de tudo, façam a coisa certa."

A ordem foi transmitida hierarquia abaixo, até o nível de gerentes de loja, e deu o tom de como todos deveriam agir. No nível mais imediato, da linha de frente, 126 lojas do Walmart estavam fechadas em consequência de danos e falta de energia. Vinte mil empregados da empresa e suas famílias estavam desalojados. O foco inicial se concentrou em ajudar essas vítimas mais próximas. E, em 48 horas, mais de metade das lojas afetadas estava funcionando de novo. Porém, de acordo com um executivo presente na cena da catástrofe, à medida que as notícias sobre as consequências do desastre para a população da cidade começavam a se infiltrar entre os empregados do Walmart, a prioridade se deslocou da reabertura das lojas para uma indagação aflitiva: "Ah, meu Deus, o que podemos fazer para ajudar essa gente?"

Agindo por conta própria, com base na autoridade que lhes fora delegada, os gerentes de lojas do Walmart começaram a distribuir fraldas, água, alimentos para bebês e gelo para os moradores. Enquanto a Fema ainda não havia decidido como requisitar suprimentos, os gerentes de lojas improvisaram um sistema de crédito simples para atender aos primeiros agentes, fornecendo-lhes alimentos, sacos de dormir, artigos de higiene, além de, quando disponíveis e necessários, equipamentos de resgate, como macas, cordas e botas. A gerente adjunta de uma loja do Walmart, cujo prédio fora inundado por uma enxurrada de 10 metros de altura, levou um trator para o estabelecimento, abasteceu-o com os itens de estoque que conseguiu salvar e distribuiu tudo para os flagelados. Quando um hospital local disse a ela que estava sem medicamentos, ela retornou à loja e esvaziou a farmácia – ato pelo qual recebeu elogios da diretoria.

Altos executivos do Walmart se concentraram na definição de objetivos, na avaliação do progresso e na manutenção dos canais de comunicação com os empregados da linha de frente e com as agências oficiais. Em outras palavras, para lidar com essa situação complexa, não baixaram normas. Como as condições eram imprevisíveis e mudavam o tempo todo, eles se empenharam em promover a troca de informações entre os participantes. A equipe de operações de emergência do Walmart incluía até um membro da Cruz Vermelha. (O governo federal recusou o convite do Walmart para participar.)

Ao longo do processo, a equipe descobriu que, a partir de objetivos comuns de fazer o possível e de coordenar as ações entre si, os empregados do Walmart foram capazes de improvisar algumas soluções extraordinárias. Por exemplo, montaram três farmácias móveis temporárias na cidade e forneceram medicamentos de graça em todas as lojas a desalojados com necessidades urgentes – mesmo sem receita médica. Também concederam empréstimos gratuitos aos empregados, a serem descontados na folha de pagamento, nas lojas situadas na área do desastre. Além disso, abriram clínicas temporárias para vacinar as equipes de emergência contra doenças transmissíveis pelas enchentes. E, o que foi ainda mais notável, apenas dois dias após a chegada do Katrina, as equipes de logística da empresa deram um jeito de levar caminhões com comida, água e equipamentos de emergência até a cidade agonizante, apesar das barreiras nas estradas, abastecendo os refugiados e inclusive a Guarda Nacional um dia antes da chegada do governo na cena da catástrofe. No total, o Walmart enviou para o local 2.498 caminhões, cheios de suprimentos de emergência, e doou US$ 3,5 milhões em mercadorias destinadas aos abrigos locais e aos centros de comando.

"Se o governo americano tivesse reagido como o Walmart, não estaríamos nesta crise", afirmou Aaron Broussard, autoridade de Jefferson Parish, distrito que abrange boa parte dos subúrbios de Nova Orleans, numa entrevista para a televisão na época.

✓

As lições dessa narrativa não foram bem compreendidas. Para alguns, o episódio demonstra que o setor privado é mais eficaz que o setor público ao lidar com situações complexas. Mas não é. Para cada loja do Walmart há numerosos exemplos de grandes empresas de Nova Orleans que se mostraram despreparadas para reagir aos eventos em desdobramento – desde as concessionárias de serviços públicos, que enfrentaram dificuldades para restabelecer as linhas de telefonia e de eletricidade, até as empresas de petróleo, que mantinham estoques de petróleo bruto e capacidade de refino insuficientes para enfrentar grandes interrupções.[3] As autoridades públicas também podiam reivindicar alguns sucessos genuínos. Nos primeiros dias da crise, por exemplo, a polícia e os bombeiros locais, carecendo de equipamentos adequados, arregimentaram um exército de esportistas de Louisiana que possuíam botes e coordenaram uma extraordinária operação de socorro a mais de 62 mil pessoas, resgatadas da água, de telhados e de sótãos da cidade inundada.[4]

Não se trata de superioridade de um setor em relação a outro. A verdadeira lição é que, sob condições de real complexidade – em que as capacidades necessárias excedem as de qualquer indivíduo e em que impera, acima de tudo, a imprevisibilidade –, qualquer iniciativa centralizada está fadada ao fracasso. As pessoas da linha de frente precisam de espaço para agir e para se adaptar. Contudo, tampouco seriam bem-sucedidas se agissem isoladamente; isso seria anarquia. Em vez disso, é preciso uma mistura aparentemente contraditória de liberdade e integração – integração que, por exemplo, coordene esforços e avalie o progresso rumo a objetivos comuns.

Trata-se da mesma conclusão a que já chegaram os construtores de arranha-céus. O mais notável é que as equipes de execução de projetos aprenderam a codificar essa compreensão em checklists simples, convertendo em rotina a gestão confiável da complexidade.

Essa rotina exige o equilíbrio de numerosas virtudes: liberdade e disciplina, habilidade e protocolo, capacidade especializada e trabalho em equipe. E, para que os checklists contribuam para a promoção desse equilíbrio, é preciso que assumam duas formas quase opostas: um conjunto de verificações para garantir que tarefas elementares, mas fundamentais, não sejam ignoradas e outro conjunto de verificações para garantir que as pessoas se comuniquem, coordenem suas ações e assumam responsabilidades, ao mesmo tempo que dispõem do poder de gerenciar os detalhes e os imprevistos da melhor maneira possível, explorando ao máximo suas qualificações.

Depois da experiência da construção civil e do Katrina, desenvolvi uma espécie de teoria: em situações de complexidade, os checklists, mais que apenas úteis, são indispensáveis para o sucesso. Sempre deve haver lugar para o julgamento, mas um julgamento assistido – e até reforçado – por procedimentos.

Após a epifania dessa "teoria", comecei a identificar checklists nos lugares mais inesperados: nas mãos de coordenadores de times de futebol, por exemplo, ou nos palcos de teatro. Pelo rádio, ouvi a história da famosa insistência do roqueiro David Lee Roth em que os contratos da banda Van Halen com promotores de shows contivessem uma cláusula especificando que em todas as apresentações haveria uma tigela de chocolates M&M's nos bastidores, mas sem um único confeito marrom, sob pena de cancelamento do show, com pagamento de remuneração integral à banda. E, pelo menos uma vez, o Van Halen cumpriu peremptoriamente a cláusula, cancelando uma apresentação no Colorado quando Roth descobriu alguns M&M's marrons no camarim dele. Entretanto, como se veio a saber, não se tratava de mais um exemplo de exigências insensatas de celebridades ensandecidas pelo poder, mas de um truque engenhoso.

Como Roth explicou na autobiografia *Crazy from the Heat*, "o Van Halen foi a primeira banda a levar enormes produções a cidades pequenas.[5] Chegávamos, em geral, com nove caminhões de 18 rodas, cheios de equipamentos, quando o padrão era 3 caminhões, no máximo. Naquela época, os erros técnicos eram muito comuns. Por exemplo, as vigas não suportavam o peso e o chão afundava ou as portas não eram bastante grandes e os equipamentos entalavam. Os anexos do contrato mais pareciam uma versão das Páginas Amarelas chinesas, com especificações referentes a todos os equipamentos e às tarefas das equipes de montagem". Assim, apenas como um pequeno teste, enterrado em algum lugar no meio de um anexo, ocultava-se o artigo 126, referente à ausência dos M&M's marrons. "Quando eu entrava nos bastidores e encontrava um chocolate marrom dentro da tigela", escreveu, "vasculhávamos toda a produção. Sem dúvida, encontraríamos erros técnicos. E, sem dúvida, enfrentaríamos problemas." E não se tratava de banalidades, como observou o programa de rádio. As falhas e omissões não raro envolviam risco de vida. No Colorado, a banda constatou que os promotores locais não tinham lido as especificações referentes ao peso dos equipamentos e que o palco simplesmente teria desabado se o erro não tivesse sido descoberto.

David Lee Roth tinha um checklist!

Descrevi minha teoria – sobre a necessidade de checklists – a Jody Adams, proprietária e chef do Rialto, um de meus restaurantes favoritos em Boston. No começo da década de 1990, a revista *Food and Wine* incluiu-a entre as 10 melhores novas chefs dos Estados Unidos e, em 1997, ela ganhou o prêmio de Melhor Chef da Fundação James Beard, equivalente ao Oscar da gastronomia. O Rialto figura com frequência nas listas nacionais dos melhores restaurantes. A especialidade dela é cozinha italiana regional, embora com um sabor levemente diferenciado.[6]

Jody é autodidata. Formada em antropologia pela Universidade Brown, ela nunca frequentou uma escola de culinária. "Mas eu levava jeito para cozinhar", como ela diz, e foi trabalhar em restaurantes, aprendendo o ofício, desde picar cebolas até criar o próprio estilo de gastronomia.

O nível de habilidade e de destreza que alcançou no restaurante é extraordinário. Além disso, ela sustenta o mesmo padrão de qualidade há muito tempo, por isso fiquei interessado em saber como conseguiu esse feito. Eu compreendia muito bem como as grandes redes de fast-food funcionam, seguindo protocolos rígidos e fornecendo refeições produzidas em linhas de montagem. No entanto, nos restaurantes de qualidade, os pratos estão sempre evoluindo, têm sofisticação e são confeccionados como obras únicas, ao gosto do cliente. E, ainda por cima, esses restaurantes são obrigados a garantir um alto nível de excelência todos os dias, ano após ano, para algo entre 100 e 300 pessoas por noite. Eu tinha minha teoria sobre como se atinge tal grau de perfeccionismo, mas não sabia se ela realmente explicava tudo. Jody me convidou ao restaurante para que eu conferisse pessoalmente.

Passei uma noite de sexta-feira sentado num banquinho na cozinha comprida e estreita do Rialto, em meio à agitação, à gritaria, às grelhas flamejantes, de um lado, e às frigideiras sibilantes, de outro. Jody e sua equipe serviram 150 pessoas em cinco horas. Naquela noite, como em todas as outras, produziram uma variedade de iguarias, incluindo pratos com lula, bacalhau, lagosta, anchova e pato – todos de dar água na boca.

Sentado lá, assisti a uma notável exibição de expertise. Metade dos funcionários de Jody frequentara escolas de culinária. Poucos tinham menos de uma década de experiência. Cada um tinha sua especialidade. Havia um confeiteiro, um especialista em carnes, um chef de massas, um cozinheiro de frituras, um chef de sobremesas, um sommelier, entre outros. Ao longo dos anos, cada um aperfeiçoou suas técnicas. Eu não tinha condições de avaliar as sutilezas de boa parte do que produziam na minha frente. Embora eu seja cirurgião, não deixaram que tocasse em suas facas. Jay, o chef de massas, me ensinou a aquecer a manteiga da maneira adequada e a avaliar quando o nhoque estava no ponto certo só de olhar. Jody me mostrou o que era realmente uma pitada de sal.

As pessoas exaltam a técnica e a criatividade da culinária. Hoje, os grandes chefs são celebridades e suas ousadas proezas gastronômicas popularizam os programas de televisão sobre culinária. Porém, como vi no Rialto, é a disciplina – pouco enaltecida e não televisada – que garante os prazeres da mesa. E, sem dúvida, os checklists são ingredientes fundamentais dessa disciplina.

Primeiro, há o mais elementar de todos os checklists: a receita. Toda iguaria começa por uma. Elas são digitadas e impressas, colocadas em envelopes de plástico transparente e afixadas em cada estação de trabalho. Jody exige com fervor religioso que sejam seguidas à risca. Mesmo para ela, "seguir a receita é essencial para garantir a consistência da qualidade ao longo do tempo", afirmou.

Afixadas em um quadro de avisos ao lado da estação de sobremesas estavam o que Jody denomina suas "Notas de Cozinha" – e-mails dela para a equipe com breves observações sobre os pratos. O mais recente era das 00h50 da noite anterior. "Frituras – mais ervas, mais alho... mais sabor", dizia ela. "Guarnições de creme de milho em pratos ovais – não quadrados! Cogumelos – mais cebolinha, mais alho e mais vinho de Marsala. SIGAM AS RECEITAS!"

A equipe nem sempre gosta de seguir as receitas. A pessoa faz o creme de milho algumas centenas de vezes e começa a acreditar que já domina a arte. E é então que a coisa desanda, segundo Jody.

As próprias receitas não são necessariamente estáticas. Todas as que vi continham adendos nas margens – sendo muitos desses acréscimos ou aprimoramentos feitos pelo próprio pessoal. Às vezes eram reformuladas por completo.

Eles estavam servindo um novo prato: uma lagosta inteira com molho encorpado de conhaque e peixe, acompanhada de mexilhões e condimentos. O prato é uma adaptação feita por Jody de uma famosa receita de Julia Child. No entanto, antes de incluir uma iguaria no cardápio, ela sempre faz numerosos testes e, dessa vez, surgiram alguns problemas. A receita determinava que a lagosta fosse aberta e depois ligeiramente frita em azeite. Porém, os resultados se mostraram muito variáveis. Muitas vezes a carne da lagosta parecia ou muito cozida ou crua. O molho também era feito na hora, mas o tempo de preparo ultrapassava em muito os cerca de 10 minutos de espera do cliente.

Então, ela e dois de seus chefs reformularam o prato. Resolveram deixar o molho semipronto e também pré-cozinhar a lagosta. Em numerosos testes, a lagosta saiu perfeita. A receita foi modificada.

Também havia um checklist para cada cliente. Os pedidos de cada mesa eram impressos na cozinha, numa folha em que se especificavam o número da mesa, os números das cadeiras, os pratos solicitados, as preferências manifestadas pelos clientes ou lançadas num banco de dados em visitas anteriores – por exemplo, alergias a ingredientes; ponto de cozimento da carne; alguma comemoração especial, como aniversário, ou a presença de alguma celebridade que justificasse a ida de Adams à mesa. O *sous chef*, uma espécie de assistente direto do chef, lê os impressos de cada mesa, cuida dos detalhes e garante a qualidade, emitindo ordens de comando e supervisionando a execução.

"Cogumelos no fogo. Mozarela no fogo. Lagosta no aguardo. A carne é bem passada e o cliente tem alergia a glúten. Também no aguardo."

"No fogo" quer dizer que o alimento deve ser cozido agora. "No aguardo" indica um prato que será servido depois. E os chefs de linha devem confirmar que entenderam o comando, repetindo as instruções.

"Cogumelos no fogo. Mozarela no fogo", disse um.

"Lagosta no aguardo", confirmou o cozinheiro de peixes.

"Carne bem passada, sem glúten, no aguardo", respondeu outro.

No entanto, como no mundo da construção, nem tudo pode ser previsto e incluído na receita. Assim, Jody também desenvolveu um checklist de comunicação para garantir que seu pessoal reconhecesse os problemas inesperados e lidasse com eles como uma equipe. Todos os dias, às 17 horas, meia hora antes da abertura do restaurante, o grupo se reúne na cozinha para uma verificação rápida da situação e para discutir a possível ocorrência de problemas inesperados – o imprevisível. Na noite em que estive lá, eles conferiram as reservas, duas mudanças de menu e discutiram sobre como compensar a falta de um membro da equipe que estava doente e como lidar com o imprevisto de um jantar de 15 anos de uma garota, com 20 convidadas adolescentes, que chegariam com uma hora de atraso, justamente quando o restaurante estaria mais cheio. Todos tiveram a chance de falar e, como uma equipe, planejaram as atividades da noite.

É claro que mesmo isso não poderia garantir que tudo fosse dar certo. Ainda havia muitas fontes de incerteza e de imperfeição: uma sopa poderia ser colocada no prato cedo demais e ficar fria; um prato de codorna talvez fosse preparado com pouco molho; um corte de lombo poderia passar do ponto e ficar seco demais. Por isso, Jody instituiu um último ponto de verificação. Todos os pratos seriam examinados por ela ou pelo *sous chef* antes de irem para a mesa, como meio de garantir que o aspecto correspondia às expectativas, que todas as especificações do pedido haviam sido observadas e que o cheiro era apetitoso. Em certos casos, com uma colher limpa, até testavam o sabor da iguaria.

Contei os pratos à medida que passavam por esse teste final. Pelo menos 5% deles foram rejeitados. "Esta lula está muito crua, precisa ficar mais tempo na frigideira", disse o *sous chef* ao cozinheiro de frituras. "Precisa dourar mais."

Mais tarde, experimentei algumas das iguarias. O sabor era incrível! Saí depois da meia-noite, com o estômago cheio e a mente a todo vapor. Mesmo ali, num tipo de empreendimento altamente personalizado e artesanal – sob certos aspectos, a gastronomia de Jody é mais arte que ciência –, os checklists eram indispensáveis. Para onde quer que eu olhasse, as evidências pareciam apontar para a mesma conclusão. Tudo indicava não haver área ou profissão em que os checklists não fossem úteis. Inclusive a minha.

5
A primeira tentativa

No final de 2006, recebi uma ligação de uma pesquisadora da Organização Mundial da Saúde. Ela queria saber se eu poderia ajudá-la a organizar um grupo de pessoas para resolver um pequeno problema. A instituição estava constatando que o volume de cirurgias crescia em todo o mundo e que uma parcela significativa dos procedimentos era feita sem a segurança adequada, a ponto de constituir uma ameaça pública. Assim, eles queriam desenvolver um programa global para reduzir as mortes e os danos evitáveis, decorrentes de cirurgias.

✓

Uma das vantagens de haver trabalhado com a OMS foi ter tido acesso a relatórios e dados sobre o sistema de saúde dos 193 países membros da entidade. E, ao compilar os números disponíveis sobre cirurgias, minha equipe de pesquisas constatou que a impressão do pessoal da OMS estava certa: o volume global de cirurgias explodira. Em 2004, realizavam-se cerca de 230 milhões de cirurgias de grande porte por ano – uma para cada 25 seres humanos no planeta – e, desde então, os números provavelmente continuaram a aumentar.[1] A quantidade de cirurgias cresceu com tanta rapidez que, ao fazer as contas, constatou-se que já havia superado a totalidade de nascimentos no mundo, só que com uma taxa de mortalidade 10 vezes mais alta. A maioria dos procedimentos cirúrgicos corre bem, mas nem sempre é assim e o índice de insucessos é considerado muito alto.[2] As estimativas de complicações em cirurgias realizadas em hospitais variam de 3% a 17%. Embora as incisões sejam cada vez menores e a recuperação, cada vez mais rápida, os riscos ainda são sérios. Em todo o mundo, pelo menos 7 milhões de pessoas ficam incapacitadas todo ano e pelo menos 1 milhão de pessoas morrem – nível de perdas que se aproxima do da malária, da tuberculose e de outras velhas mazelas de saúde pública.[3]

Enquanto eu dava uma olhada nos números, compreendi por que a OMS – organização dedicada à solução de problemas de saúde pública em grande escala – de repente se interessou por algo aparentemente específico e de alta tecnologia como cirurgias. A melhoria das condições econômicas globais das últimas décadas resultou no aumento da longevidade e, portanto, em maior necessidade de serviços cirúrgicos essenciais. Embora ainda restem cerca de 2 bilhões de pessoas, sobretudo em áreas rurais, sem acesso a cirurgias, os sistemas de saúde em todo o mundo registram um aumento intenso do número de procedimentos cirúrgicos. Em consequência, a segurança e a qualidade dessas intervenções ganharam grande relevância.

Mas o que pode ser feito a esse respeito? Solucionar ou reduzir o problema das cirurgias, como questão de saúde pública, não é como solucionar ou reduzir o problema da poliomielite, por exemplo. Viajei com médicos da OMS para fiscalizar a campanha de erradicação da poliomielite em todo o mundo e constatei que aplicar vacinas em toda uma população pode ser bem difícil. E o aumento da segurança dos procedimentos cirúrgicos era uma questão bem mais complexa. Descobrir maneiras de implantar mudanças em todas as salas de cirurgia do planeta parecia impossível. Com mais de 2.500 procedimentos cirúrgicos diferentes, variando de biópsias cerebrais a amputações de dedos, de inserções de marca-passos a extrações de baço, de extrações de apêndice a transplantes de rins, não se sabe por onde começar. Talvez, pensei, eu pudesse trabalhar com a OMS no sentido de nos concentrarmos na redução das complicações de um único procedimento – como no caso dos cateteres venosos centrais. Mas qual seria o impacto disso num problema de tamanha magnitude?

Em janeiro de 2007, na sede da OMS, em Genebra, promovemos um seminário de dois dias envolvendo cirurgiões, anestesistas, enfermeiros, especialistas em segurança e até pacientes de todo o mundo na tentativa de debater o assunto. Lá estavam médicos dos melhores hospitais da Europa, do Canadá e dos Estados Unidos; o cirurgião-chefe do Comitê Internacional da Cruz Vermelha, que enviava equipes para tratar de refugiados doentes e feridos de todos os lugares do mundo, da Somália à Indonésia. Também contávamos com a presença de um homem da Zâmbia, cuja filha morrera sufocada por falta de oxigênio durante um tratamento. À medida que o grupo narrava suas descobertas e experiências com cirurgias em todo o mundo, meu ceticismo só aumentava. Qual seria a maneira viável de enfrentar tantas questões diferentes em tantos lugares diferentes?

Um médico de 40 e poucos anos, do oeste de Gana, onde o cultivo do cacau e a mineração do ouro promoveram alguma prosperidade, descreveu as condições do hospital distrital em que atuava. Nenhum cirurgião se dispunha a ficar lá, disse ele. Gana estava passando por uma carência de especialistas, perdendo alguns de seus cidadãos mais qualificados, que saíam do país em busca de melhores oportunidades no exterior. Ele disse que o hospital contava com apenas três médicos – clínicos gerais, sem treinamento em cirurgia. Entretanto, quando chega uma paciente em estado crítico, depois de dois dias em trabalho de parto, ou um paciente com dores lancinantes e febre alta por causa de uma apendicite, ou outro com um pulmão comprometido em consequência de um acidente com moto, os médicos sem treinamento em cirurgia fazem o que podem: operam.

"Vocês precisam compreender", desabafou. "Eu faço tudo. Sou o pediatra, o obstetra, o cirurgião, tudo." Ele tinha compêndios e manuais sobre técnicas cirúrgicas básicas. Ainda contava com um assistente, também sem treinamento específico, que aprendera anestesia básica. Os equipamentos do hospital eram rudimentares. Os métodos e as práticas eram deficientes. Às vezes algo saía errado, mas ele estava convencido de que fazer alguma coisa era melhor que não fazer nada.

Um bioengenheiro russo também falou. Ele passara boa parte de sua carreira supervisionando o fornecimento e a manutenção de equipamentos em hospitais de diferentes partes do mundo e descreveu alguns problemas perigosos, comuns em locais ricos e pobres: equipamentos com manutenção deficiente que queimaram ou eletrocutaram pacientes; uso incorreto de novas tecnologias, por falta de treinamento adequado das equipes; dispositivos críticos de salvamento de vidas que ficavam trancados em algum armário ou cujo paradeiro era desconhecido quando se precisava deles em situações de emergência.

O chefe de cirurgia do maior hospital da Mongólia descreveu a falta de medicamentos para o controle da dor, ao passo que outros profissionais da Ásia, da África e do Oriente Médio repetiam histórias semelhantes. Um pesquisador da Nova Zelândia falou sobre as terríveis taxas de mortalidade em países pobres, resultantes de anestesia sem condições ideais de segurança, observando que, embora algumas localidades da África apresentassem menos de 1 morte em 5 mil pacientes por causa de complicações na anestesia geral, em outras a taxa de mortalidade era 10 vezes maior. Um estudo no Togo revelou 1 morte para cada 150 pacientes. Uma anestesista da Índia interveio, atribuindo os problemas decorrentes da anestesia à pouca consideração que a maioria dos cirurgiões tem por esses especialistas. No país dela, queixou-se, os cirurgiões humilhavam os anestesistas aos berros e ignoravam as medidas de segurança recomendadas por eles. Ao verem isso, os estudantes de medicina não optam por se especializar em anestesia. Como consequência, a parte mais arriscada da cirurgia – a anestesia – é executada por profissionais sem treinamento adequado com muito mais frequência que a cirurgia em si. Uma enfermeira da Irlanda juntou-se ao coro. Disse que o pessoal de enfermagem trabalha sob condições ainda piores. Em geral são ignorados como membros da equipe, tratados com desprezo e, não raro, até demitidos por levantarem questões relevantes. Ela havia presenciado situações desse tipo em seu país e, com base em depoimentos de colegas de outros países, sabia que essa era a situação enfrentada pelos enfermeiros em todo o mundo.

Sob um aspecto, todos concordaram com convicção: as cirurgias são extremamente valiosas para salvar vidas em todos os lugares e devem ser oferecidas de maneira mais ampla e acessível. E, em boa parte do mundo, as taxas de complicações parecem toleráveis – na faixa de 5% a 15% para cirurgias em hospitais.

Por outro lado, era difícil engolir a ideia de que essas taxas fossem "aceitáveis". Afinal, cada ponto percentual significava a morte ou a invalidez de milhões de pessoas. Estudos realizados apenas nos Estados Unidos concluíram que pelo menos 50% das complicações decorrentes de cirurgias eram evitáveis. Porém, as causas e os fatores envolvidos se mostraram extremamente variáveis.

Precisávamos fazer alguma coisa. Houve quem sugerisse mais programas de treinamento, mas a proposta foi rejeitada. Se as falhas ocorriam em quase todos os países – na verdade, muito provavelmente em todos os hospitais –, nenhum programa de treinamento poderia ser aplicado com abrangência suficiente para fazer diferença. Não havia nem dinheiro nem capacidade para isso.

Também debatemos propostas de incentivos, como os esquemas de remuneração por desempenho, adotados recentemente em bases experimentais nos Estados Unidos. Nesses programas, os clínicos recebem recompensas financeiras por prescreverem tratamentos mais adequados e consistentes a pacientes ou são punidos por erros e omissões. A estratégia está produzindo resultados, mas os ganhos têm sido modestos – o maior experimento com remuneração por desempenho do país registrou melhorias da ordem de 2% a 4%.[4] Além disso, nem sempre é fácil obter as medições necessárias aos sistemas de remuneração por desempenho, pois elas dependem de resultados relatados pelos próprios clínicos, os quais nem sempre são exatos, e ainda são muito afetadas pelo estado geral dos pacientes. Por exemplo, talvez nos sintamos tentados a pagar menos a cirurgiões com altas taxas de complicações, mas nunca se saberá se essa maior incidência resulta de pior desempenho do cirurgião ou de piores condições dos pacientes. Portanto, até agora, os programas de remuneração por desempenho têm sido dispendiosos e pouco produtivos. Expandi-los para o âmbito global é inimaginável.

Talvez a iniciativa mais eficaz fosse desenvolver e divulgar em nome da OMS um conjunto de normas oficiais que garantisse o tratamento cirúrgico seguro. É o método geralmente adotado por grupos de especialistas. Essas diretrizes poderiam abranger numerosas questões, desde medidas para evitar infecções em cirurgias até objetivos de treinamento e cooperação em salas de operações. Seria uma espécie de Convenção de Genebra para Cirurgias Seguras.

Porém, bastava dar um passeio pelos corredores do subsolo de concreto da sede da OMS para começar a duvidar dos resultados práticos desse plano. Vi pilhas e pilhas de manuais de 200 páginas produzidos por outros grupos que haviam sido convocados para tratar de problemas sérios de saúde pública. Lá se encontravam montanhas de diretrizes com mais ou menos 1 metro de altura sobre prevenção da malária, tratamento de HIV/aids e gestão de epidemias de gripe, revestidas por filme plástico para não acumularem poeira. As normas haviam sido escritas com cuidado e, sem dúvida, se aplicadas, seriam proveitosas e eficazes. Algumas abriram novos caminhos para a adoção de padrões globais. Porém, na maioria dos casos, elas nada mais haviam feito além de salpicar algumas boas ideias mundo afora.

Indaguei a uma funcionária da OMS se a organização tinha diretrizes sobre como executar com sucesso programas de saúde pública de alcance global. Ela olhou para mim como se eu fosse idiota.

Mas não desisti. Perguntei a outros representantes da OMS se não havia casos de programas de saúde pública bem-sucedidos que pudessem servir de exemplo. E eles responderam com casos como a campanha de vacinação contra varíola, que erradicara esse flagelo do mundo em 1979, e o trabalho famoso do Dr. John Snow, que conseguiu identificar a fonte de uma epidemia de cólera em Londres, em 1854, de alta letalidade, nas águas de um poço público. Quando a doença irrompeu num bairro de Londres naquele verão, 200 pessoas morreram nos primeiros três dias.[5] Três quartos dos residentes locais debandaram, em pânico. Mesmo assim, na semana seguinte, registraram-se outros 500 casos fatais. A crença predominante era a de que doenças como a cólera eram provocadas por "miasmas" – ar putrefato. Mas Snow, cético quanto à teoria do ar ruim, fez um mapa dos lugares onde a doença se manifestara com mais intensidade e descobriu que as maiores concentrações se aglomeravam em torno de uma única fonte de água: um poço em Broad Street, no Soho. Consultou, então, as famílias vitimadas sobre seus hábitos, desenvolveu uma minuciosa análise estatística dos fatores possíveis e concluiu que a água contaminada provocara a epidemia. (Descobriu-se, depois, que o poço havia sido escavado nas proximidades de uma fossa com vazamento.) Snow convenceu as autoridades locais a removerem a bomba manual do poço de água, desativando-o e estancando a difusão da doença. Com isso, foram definidos os métodos essenciais de investigação de epidemias, que os especialistas em doenças infecciosas adotam até hoje.

Percebi, então, que todos os exemplos tinham algo em comum: envolviam intervenções simples – uma vacina, a remoção de uma bomba manual. Os efeitos foram avaliados com cuidado. E as soluções se mostraram capazes de produzir benefícios amplamente transmissíveis – o que os homens de negócios denominariam retorno sobre o investimento, ou Arquimedes chamaria de alavancagem.

Ao refletir sobre essas especificações – simplicidade, mensurabilidade, transmissibilidade –, me lembrei de um de meus estudos favoritos sobre saúde pública. Trata-se de um programa conjunto, conduzido pelos Centros de Controle de Doenças dos Estados Unidos (CDCs) e pela Hope, organização filantrópica que atua no Paquistão com o objetivo de reduzir as altas taxas de mortalidade infantil nas favelas de Karachi. Os assentamentos que cercam a megacidade abrigam mais de 4 milhões de pessoas, que vivem em algumas das áreas mais povoadas e miseráveis do mundo. O esgoto corre a céu aberto pela rua. Em consequência da pobreza crônica e da falta de alimentos, de 30% a 40% das crianças são subnutridas. Praticamente todas as fontes de água estão contaminadas. Uma criança em cada 10 morria antes dos 5 anos – em geral, de diarreia ou de infecção respiratória aguda.

As raízes desses problemas são profundas e se devem a vários fatores. Além de sistemas inadequados de abastecimento de água e de saneamento básico, o analfabetismo também contribui para o agravamento da situação, impedindo a difusão de conhecimentos essenciais sobre saúde e higiene. A corrupção, a instabilidade política e a burocracia desestimulam investimentos em indústrias locais que poderiam gerar emprego e renda e assim melhorar as condições das famílias. Os baixos preços de produtos agrícolas inviabilizam a agricultura familiar, provocando grandes fluxos migratórios para as cidades em busca de trabalho, o que apenas acirra o problema da superpopulação em centros urbanos. Nessas circunstâncias, parecia improvável que se pudesse promover qualquer melhoria significativa na saúde das crianças sem a reinvenção de cima para baixo do governo e da sociedade.

Até que um jovem médico de saúde pública teve uma ideia. Stephen Luby crescera em Omaha, Nebraska, onde o pai chefiava o corpo docente de obstetrícia e ginecologia da Universidade de Creighton. Cursou medicina na Universidade do Sudoeste do Texas, mas, por alguma razão, sempre se sentiu atraído pela saúde pública. Assim, foi trabalhar num Centro de Controle de Doenças que investigava infecções epidêmicas na Carolina do Sul e não hesitou em se alistar como candidato quando surgiu uma posição numa agência do CDC no Paquistão. E lá foi ele para Karachi com a esposa, professora do ensino fundamental e médio. Em pouco tempo, publicou seu primeiro trabalho sobre as condições locais, em fins da década de 1990.

Conversamos uma vez sobre como ele encarava aquelas dificuldades. "Se tivéssemos os mesmos sistemas de abastecimento de água e de saneamento básico existentes em Omaha, não haveria esses problemas", afirmou. "Mas precisaremos esperar algumas décadas pela execução de grandes projetos de infraestrutura." Em consequência, explicou, a única saída era buscar recursos de baixa tecnologia. No caso, a solução que ele imaginou era tão despretensiosa que provocou risos entre os colegas. Foi o sabonete.

Luby soube que a Procter & Gamble, conglomerado de produtos de consumo, estava ansiosa para provar o valor de seu novo sabonete antibacteriano, o Safeguard. Assim, apesar do ceticismo dos colegas, ele convenceu a empresa a financiar suas pesquisas de campo e a fornecer-lhe caixas de Safeguard, com e sem triclocarban, um agente bactericida. Uma vez por semana, pesquisadores de campo da Hope percorriam 25 comunidades escolhidas ao acaso, nas favelas de Karachi, distribuindo sabonetes, alguns com e outros sem o bactericida. E ensinavam as pessoas a usá-los em seis situações: (1) tomando banho uma vez por dia, lavando as mãos (2) depois de defecar, (3) depois de trocar fraldas, (4) antes de comer, (5) antes de preparar alimentos e (6) antes de alimentar outras pessoas. Em seguida, os pesquisadores coletavam informações sobre as taxas de incidência de doenças nas comunidades de teste e em 11 outras comunidades de controle onde não se haviam distribuído sabonetes.

A equipe de Luby relatou os resultados em um trabalho de referência publicado na revista *Lancet* em 2005.[6] As famílias nas comunidades de teste receberam, em média, 3,3 barras de sabonete por semana, durante um ano. Ao longo deste período, a diarreia entre crianças nas comunidades de teste caiu 52% em comparação com a média nas comunidades de controle, qualquer que fosse o tipo de sabonete, com ou sem bactericida. A incidência de pneumonia caiu 48%. E a ocorrência de impetigo, infecção dermatológica bacteriana, diminuiu 35%. Esses resultados foram considerados espantosos e puderam ser atingidos apesar do analfabetismo, da pobreza, da superpopulação e até apesar de as pessoas, por mais sabonete que usassem, ainda beberem água contaminada e se lavarem com ela.

Por ironia, a Procter & Gamble considerou o estudo um tanto decepcionante, uma vez que a equipe de pesquisa não identificara benefícios adicionais resultantes do acréscimo de agente bactericida no sabonete. O sabonete comum se mostrou tão eficaz quanto o outro. Contra uma realidade adversa, aparentemente insuperável, as conclusões foram bastante boas. O sabonete comum foi o fator de alavancagem.

O segredo, disse-me Luby, era que no uso do sabonete havia mais do que se supunha. Ele era um indutor de mudança de comportamento. Na verdade, os pesquisadores não estavam apenas distribuindo sabonetes Safeguard. Estavam também dando instruções – em folhetos e pessoalmente –, explicando as seis situações em que devia ser usado. Essas orientações foram essenciais para a mudança e justificam a diferença. Quando se examinam com cuidado os detalhes do estudo de Karachi, encontram-se estatísticas surpreendentes sobre as famílias, tanto nas comunidades de teste quanto nas de controle: no início do estudo, o número médio de barras de sabonete consumidas pelas famílias não era zero, mas duas barras por semana. Ou seja: elas *já usavam sabonete*.

Dito isso, o que o estudo realmente conseguiu mudar? Duas coisas, segundo Luby. Primeiro, "removemos a restrição econômica à aquisição de sabonete. As pessoas diziam que o sabonete era barato e que a maioria das famílias fazia uso dele, mas queríamos que elas se lavassem muito. Nessas condições, removemos mesmo uma barreira". Segundo, e igualmente importante, o projeto tornou o uso de sabonete algo mais sistemático e habitual.

A equipe de Luby estudou os hábitos de higiene no Paquistão, em Bangladesh e em outras áreas do sul da Ásia, e constatou que quase todos os habitantes lavam as mãos depois de defecarem. "A ideia de pureza é muito arraigada no sul da Ásia", explicou. Mesmo quando o lavatório fica muito longe, as pessoas lavam as mãos em quase 80% das vezes, índice que envergonharia a maioria dos frequentadores de banheiros de aeroportos. Porém, a higiene não era muito eficaz, concluíram os pesquisadores. Em geral, era muito rápida ou se lavava somente a mão "envolvida". Ou então usava-se cinza ou lama em vez de água e sabão.

O experimento com o sabonete mudou tudo isso. Os pesquisadores deram instruções específicas sobre as técnicas de lavagem – sobre a necessidade de molhar as mãos completamente, ensaboá-las bem, enxaguá-las em seguida, removendo todo o sabão, mesmo que, por necessidade, conforme observou o relatório publicado, "os participantes enxugassem as mãos nas próprias roupas". As instruções também insistiam em que os pesquisados lavassem as mãos em outras situações que não faziam parte de seus hábitos. "As pessoas não se lembravam de lavar as mãos antes de preparar alimentos ou de alimentar crianças", explicou Luby. O sabonete em si também foi um fator. "Era um sabonete muito bom", observou. Era mais perfumado e fazia mais espuma que aqueles que podiam comprar. As pessoas gostavam de se lavar com ele. "As empresas multinacionais de produtos de consumo se empenham em proporcionar boas experiências de consumo, algo com que, por vezes, não se preocupam os profissionais de saúde pública." Por fim, os pesquisadores estavam dando um presente a eles em vez de fazerem sermões. E, com o presente, também lhes transmitiam algumas ideias básicas que melhorariam suas vidas e reduziriam de forma maciça a incidência de doenças.

✓

Percebi, fascinado, que esse experimento era, além de uma pesquisa sobre sabonete, um estudo sobre o checklist. E fiquei pensando: será que um checklist poderia ser nosso sabonete no tratamento cirúrgico – algo simples, barato, eficaz e transmissível? Eu ainda não sabia exatamente como fazer um checklist que fosse ao mesmo tempo simples e eficaz para os numerosos problemas enfrentados nas cirurgias em escala global. Nem sequer estava convencido de que isso era possível. Porém, muitos de meus colegas se mostraram entusiasmados quando a ideia foi apresentada na reunião de Genebra.

Um deles expôs a experiência do Hospital Infantil de Columbus, em Ohio, que havia elaborado um checklist para reduzir as infecções cirúrgicas. Infecção é uma das complicações mais comuns em cirurgias de crianças. E a maneira mais eficaz de preveni-la, além do uso de técnicas antissépticas adequadas, é não deixar de administrar um antibiótico apropriado 60 minutos antes da incisão.

A observância do intervalo exato é fundamental. Depois de fazer a incisão, é tarde demais para dar o antibiótico. Ministrá-lo com antecedência superior a 60 minutos também é inútil, pois o antibiótico deixa de fazer efeito. Porém, os estudos demonstram que, quando se observa com rigor a janela de 60 minutos, esse único passo pode reduzir o risco de infecção em até 50%.[7] Mesmo que se injete o antibiótico na corrente sanguínea apenas 30 segundos antes da incisão, a velocidade da circulação é suficiente para que o medicamento chegue ao local da incisão antes de o bisturi romper a pele.

No entanto, esse passo tão importante é ignorado com frequência. Em 2005, o Hospital Infantil de Columbus examinou seus registros e concluiu que mais de um terço dos pacientes de apendicectomia não recebia o antibiótico no prazo certo. Algumas crianças o recebiam cedo demais. Outras, tarde demais. E outras, ainda, simplesmente não recebiam antibiótico algum.

Parece estupidez. Como isso pode acontecer? Mesmo os profissionais de medicina acreditam que tarefas simples como essas não estão sujeitas a falhas. Mas, na verdade, não é bem assim. Com a correria típica de pacientes sendo levados de maca para as salas de cirurgia, essa é exatamente a espécie de tarefa sujeita a esquecimento. Os anestesistas são responsáveis pela aplicação do antibiótico, porém, em geral, estão mais concentrados em fazer o paciente dormir com segurança e tranquilidade – o que não é assim tão fácil quando o paciente é uma criança de 8 anos assustada, deitada nua sobre uma mesa fria numa sala cheia de estranhos, sem compreender bem o que está acontecendo. Acrescentem-se a essas circunstâncias fatores inesperados, como o mau funcionamento de um equipamento, a manifestação da asma do paciente ou um aviso para que o cirurgião telefone para a sala de emergência, e começa-se a perceber como algo tão simples quanto uma dose de antibiótico não raro passa despercebido.

O diretor do centro cirúrgico do hospital, que, por acaso, era não só cirurgião cardíaco pediátrico mas também piloto de avião, decidiu adotar o método da aviação. Ele elaborou um checklist do tipo "pronto para a decolagem" a ser observado antes da incisão, que foi desenhado numa lousa em cada uma das salas de cirurgia. Era muito simples. Havia um campo de verificação que deveria ser ticado após uma confirmação verbal do enfermeiro de que o paciente certo e o lado certo do corpo estavam preparados para a cirurgia – algo que as equipes devem checar em todos os casos. E ainda existia outro campo de verificação para confirmar que o antibiótico fora aplicado (ou, conforme as circunstâncias, considerado desnecessário, o que é possível em algumas cirurgias).

Nada além disso. Porém, conseguir que as equipes parassem e usassem o checklist – convertê-lo num hábito – não era assim tão fácil, embora dois campos de verificação, em si, não fizessem tanta diferença. Assim, o diretor deu algumas palestras para enfermeiros, anestesistas e cirurgiões, explicando o que eram e para que serviam aqueles checklists. Também fez algo curioso: mandou confeccionar pequenas placas de metal com a inscrição "pronto para a decolagem" e determinou que elas fossem colocadas nos kits de instrumentos cirúrgicos. A peça tinha 15 centímetros, apenas o suficiente para cobrir o bisturi. Os instrumentadores foram instruídos a colocá-la sobre o bisturi ao prepararem os instrumentos antes da cirurgia. O artifício servia como lembrete de que se deveria preencher o checklist antes de iniciar a incisão. Também deixava claro que o cirurgião não podia começar a operação antes de o enfermeiro o liberar, tirando a placa de cima do bisturi, o que era uma mudança cultural sutil. Mesmo um modesto checklist é capaz de distribuir o poder.

Passado algum tempo, o diretor avaliou os resultados. Depois de três meses, 89% dos pacientes com apendicite receberam o antibiótico na hora certa. Depois de 10 meses, a proporção de acertos chegou a 100%. O checklist se transformara em hábito e também ficara evidente que os membros da equipe podiam impedir o prosseguimento de uma cirurgia até que fossem executadas todas as tarefas preliminares.

✓

Fiquei animado. Mas continuei cético. Sim, ao usar um checklist aquele hospital havia conseguido que uma condição prévia da maioria das cirurgias passasse a ser observada com consistência. Até reconheci que, em consequência, a incidência de infecções decorrentes de cirurgias havia registrado queda substancial. Porém, para conseguir uma redução significativa na ocorrência de complicações operatórias como um todo, precisávamos de uma abordagem que abrangesse um espectro muito mais amplo de erros ou omissões capazes de comprometer o sucesso das cirurgias.

Então Richard Reznick, chefe do departamento de cirurgia da Universidade de Toronto, pediu a palavra. Ele explicou que seu hospital havia concluído um teste de viabilidade de um checklist cirúrgico muito mais amplo, com 21 itens. Seu objetivo era abranger todo o escopo de erros potenciais em tratamentos cirúrgicos. O checklist determinava que os membros da equipe confirmassem verbalmente, entre si, que os antibióticos haviam sido aplicados; que havia sangue disponível, caso necessário; que os exames relevantes de imagem e de laboratório estavam em mãos; que todos os instrumentos especiais tinham sido providenciados; e assim por diante.

O checklist também incluía o que eles chamavam de "comentários da equipe". Todos os membros do grupo deviam se reunir por alguns minutos para discutir alguns itens antes do procedimento – como quanto tempo o cirurgião esperava que a operação fosse durar, qual a perda de sangue máxima provável para a qual todos deveriam estar preparados e quais os riscos e condições especiais do paciente a serem considerados pela equipe.

Reznick nunca ouvira falar na extinção do mestre de obras, mas se aproximara intuitivamente da solução dos arranha-céus – uma combinação de checagens de tarefas e de comunicações para gerenciar o problema da complexidade crescente –, a exemplo de numerosos outros profissionais, como se veio a constatar. Um cirurgião especializado em pâncreas do Hospital Johns Hopkins, chamado Martin Makary, mostrou-nos um checklist de 18 itens que ele havia testado com 11 cirurgiões durante cinco meses no hospital. Do mesmo modo, um grupo de hospitais do sul da Califórnia, sob o sistema de assistência médica Kaiser, elaborou um "checklist pré-voo para cirurgias" com 30 itens, se antecipando de fato às inovações de Toronto e do Hopkins. Todos eles seguiam o mesmo projeto básico.

Em qualquer parte do mundo a cirurgia está sujeita a quatro grandes ameaças: infecção, hemorragia, anestesia sem segurança e o que só pode ser chamado de inesperado. Em relação aos três primeiros, a ciência e a experiência nos proporcionam algumas medidas preventivas objetivas e valiosas que supomos sempre observar, mas que, às vezes, ignoramos. Essas omissões são falhas simples, que podem ser perfeitamente sanadas por meio de checklists. E, em consequência, todos os checklists de pesquisadores incluem tarefas especificadas com exatidão a fim de garantir sua execução.

Mas a quarta ameaça – o inesperado – é um tipo de falha totalmente diferente, consequência dos riscos complexos associados ao ato de abrir o corpo de alguém e da tentativa de "consertá-lo". De forma independente, cada um dos pesquisadores parece ter concluído que nenhum checklist pode prever todas as armadilhas contra as quais as equipes devem se precaver. Assim, eles constataram que a iniciativa mais promissora seria fazer com que as pessoas interrompessem sua rotina e discutissem em conjunto cada caso – preparando-se como equipe para identificar e prevenir os grandes perigos potenciais que ameaçam cada paciente.

Talvez tudo isso pareça um tanto óbvio, mas a abordagem representa um avanço significativo em relação à maneira como, em geral, se executam as cirurgias. Tradicionalmente, as operações são consideradas performances individuais – o cirurgião é visto como um virtuose, como um grande pianista. A sala de cirurgia é seu palco. Ele se coloca sob as luzes da ribalta e espera para iniciar a operação, com todos a postos e o paciente já adormecido.

Nós, cirurgiões, queremos acreditar que evoluímos com a complexidade da cirurgia, que hoje trabalhamos mais como equipe. No entanto, por mais embaraçosa que pareça esta constatação, os pesquisadores já observaram que, em geral, os membros da equipe não estão conscientes dos riscos de determinado paciente, nem dos problemas para os quais precisam estar preparados, nem do motivo da cirurgia. Numa pesquisa abrangendo 300 membros de equipes cirúrgicas quando saíam da sala de operações após uma intervenção, um em cada oito reconheceu que nem sequer sabia onde seria a incisão até o início da operação.[8]

Brian Sexton, psicólogo pioneiro da Universidade Johns Hopkins, realizou numerosos estudos que mostram de maneira contundente como estamos longe de atuar como equipe durante cirurgias. Num desses trabalhos, ele entrevistou mais de mil membros de equipes cirúrgicas de hospitais em cinco países – Estados Unidos, Alemanha, Israel, Itália e Suíça – e constatou que, embora 64% dos cirurgiões tenham atribuído alto grau de trabalho em equipe às suas operações, apenas 39% dos anestesistas, 28% dos enfermeiros e 10% dos residentes em anestesia concordaram com essa avaliação.[9] Não por coincidência, Sexton também descobriu que um em cada quatro cirurgiões acreditava que os membros menos experientes da equipe não deviam questionar as decisões de um profissional sênior.

Foi constatado também que o obstáculo mais comum à eficácia das equipes não é o cirurgião que põe fogo pelas ventas, brande bisturis e aterroriza a todos, embora alguns realmente sejam assim. Não, o fator mais comum e mais perigoso é uma espécie de alheamento silencioso, consequência da especialização crescente dos profissionais, que se atêm cada vez mais a seus domínios estreitos. "Isso não é problema meu" talvez seja a atitude mais negativa que se pode assumir, seja numa sala de cirurgia, na cabine de comando de um avião cheio de passageiros ou na construção de um arranha-céu de 300 metros de altura. Porém, na medicina, deparamos com esse distanciamento o tempo todo. Já o testemunhei em minha própria sala de cirurgia.

Realmente, o trabalho em equipe pode ser difícil em certas áreas de atividade. Em condições de extrema complexidade, sempre recorremos à divisão do trabalho e à especialização – na sala de operações, por exemplo, há o cirurgião, o cirurgião assistente, o enfermeiro de assepsia, o instrumentador, o enfermeiro-chefe, o anestesista e assim por diante. Cada um deles domina a respectiva área de atuação. Para isso foram treinados durante anos. Porém, com base em numerosos estudos, é preciso que entendam que suas atribuições não se resumem a executar um conjunto de tarefas isoladas, mas também ajudar o grupo a obter os melhores resultados possíveis. Para tanto, é necessário descobrir maneiras de garantir que o grupo não permita que algo escape nas interseções entre as especialidades e que também se adapte como equipe, no esforço conjunto de encontrar soluções para problemas inesperados.

Eu achava que alcançar esse nível de trabalho em equipe fosse sobretudo uma questão de sorte. Sem dúvida, eu já tivera ocasião de constatar isso – durante operações difíceis, em que todos davam o melhor de si, atuando em uníssono. Lembro-me de um paciente de 80 anos que necessitava de uma cirurgia de emergência. Ele havia passado por uma cirurgia cardíaca na semana anterior e estava respondendo muito bem. Porém, durante a noite, apresentou uma dor repentina, aguda e persistente no abdômen e, ao longo da manhã, o estado dele pareceu se agravar cada vez mais. Pediram que eu o examinasse como cirurgião geral. Encontrei-o prostrado na cama, queixando-se de muita dor. Os batimentos cardíacos, acima de 100 por minuto, eram irregulares. A pressão arterial estava em queda. E, a cada toque no abdômen, a sensação quase o fazia pular da cama, em agonia.

Ele se mostrava perfeitamente lúcido e sabia que algo não estava bem, mas não parecia assustado.

"O que precisamos fazer?", perguntou ele, rangendo os dentes. Expliquei-lhe que talvez seu organismo tivesse lançado um coágulo na artéria intestinal. Era como se ele tivesse sofrido um derrame, só que o trombo havia interrompido a circulação sanguínea para os intestinos, não para o cérebro. Sem fluxo sanguíneo, os intestinos gangrenariam e se romperiam. Ele não sobreviveria sem cirurgia. Mas também tive que lhe dizer que, mesmo com a cirurgia, suas chances eram pequenas. Talvez apenas metade dos pacientes nas mesmas circunstâncias tenha êxito. Ainda que ele fosse um dos felizardos, poderiam surgir muitas complicações preocupantes. Provavelmente precisaria de um respirador mecânico ou de uma sonda alimentar. Ainda por cima, além do fato de ter idade avançada, como já se submetera a uma grande cirurgia havia pouco tempo, estava debilitado. Perguntei-lhe se queria prosseguir.

Ele disse que sim, mas pediu que eu consultasse sua esposa e seu filho. Falei com eles por telefone e me autorizaram a ir adiante. Liguei para a seção de controle do centro cirúrgico e expliquei a situação. Eu precisava de uma sala e de uma equipe imediatamente. Todos os recursos materiais e humanos deveriam estar disponíveis.

Em uma hora, nós o levamos para a sala de cirurgia. Eu percebia que, à medida que as pessoas se juntavam e começavam a trabalhar, um genuíno sentimento de equipe tomava forma. Jay, o enfermeiro-chefe, apresentou-se ao paciente e explicou-lhe, em poucas palavras, o que cada membro da equipe estava fazendo. Steve, o responsável pela assepsia e pelos instrumentos, já estava de avental e luvas, de pé, ao lado da cama, com os instrumentos esterilizados a postos. Zhi, o anestesista sênior, e Thor, seu anestesista residente, conversavam, certificando-se de que tudo corria conforme o planejado enquanto preparavam os medicamentos e os instrumentos. Joaquim, o cirurgião residente, também estava ao lado da mesa de cirurgia, com um cateter de Foley, pronto para introduzi-lo na bexiga do paciente assim que ele adormecesse.

Outra preocupação era o tempo. Quanto mais demorássemos, maior seria a extensão dos intestinos a perecer. Quanto maior a proporção perdida dos intestinos, mais sério se tornaria o quadro e menores seriam as chances de sobrevivência. Nem sempre os membros da equipe cirúrgica se dão conta da gravidade das condições do paciente, mas, naquele momento, percebia-se no ar o senso de urgência. Todos atuavam com rapidez, método e sincronia. O caso não era fácil, mas, por alguma razão, parecia que nada nos impediria de obter o melhor resultado.

O homem era grandalhão, tinha o pescoço curto e pouca reserva pulmonar, o que poderia dificultar a instalação do tubo de respiração depois que Zhi o sedasse. Mas Zhi já havia nos advertido da possibilidade de problema e todos estávamos preparados, com planos alternativos e com os instrumentos de que ele e Thor poderiam precisar. Quando Joaquim e eu abrimos o paciente, descobrimos que parte do cólon já estava preta e gangrenada mas não se rompera, e os três quartos de cólon restantes e todo o intestino delgado pareciam bem. Essa era, efetivamente, uma boa notícia. O problema era limitado. No entanto, quando começamos a extrair a parte afetada do cólon, também ficou evidente que o resto do órgão não estava em boa forma. Deveria apresentar uma cor rosada saudável, mas estava salpicado de manchas arroxeadas. Os coágulos sanguíneos que haviam bloqueado a principal artéria de irrigação do lado direito também tinham desprendido partículas para as ramificações arteriais do lado esquerdo. Precisaríamos remover todo o cólon do paciente e fazer uma colostomia, conectando o restante do intestino a um saco exterior para a eliminação de resíduos e gases. Steve, pensando adiante, pediu a Jay que pegasse o retrator de que iríamos necessitar. Joaquim sugeriu que aumentássemos a incisão abdominal e ficou ao meu lado todo o tempo, pressionando, cortando, costurando, enquanto avançávamos, centímetro a centímetro, pelos vasos sanguíneos que irrigavam o cólon. De repente, o paciente começou a gotejar sangue por todas as superfícies expostas – toxinas da gangrena estavam comprometendo a capacidade de coagulação. Mas Zhi e Thor mantiveram a injeção de fluidos e a pressão arterial estava efetivamente melhor do que no começo. Quando avisei que o paciente precisaria ir para a UTI, Zhi me disse que já havia conversado com o intensivista, que o aguardava.

Como trabalhamos em equipe, e não isoladamente, o homem sobreviveu. Acabamos a cirurgia em pouco mais de duas horas. Os sinais vitais se mantinham estáveis e ele receberia alta alguns dias depois. A família me atribuiu todos os créditos e eu bem que gostaria de merecê-los. Mas a operação fora uma sinfonia, um trabalho conjunto que mais pareceu um concerto de uma grande orquestra.

Eu até poderia alegar que o trabalho em equipe em si foi consequência da minha capacidade de motivação e de liderança. Mas, na realidade, os fatores que levaram a um desempenho tão soberbo naquela ocasião ainda são um mistério para mim. Talvez tenha sido apenas o produto de uma conjuntura fortuita, resultado acidental do entrosamento dos profissionais que, por acaso, estavam disponíveis. Embora, com frequência, eu operasse com Zhi, eu não trabalhava com Jay ou com Steve havia meses; com Joaquim, eu operava ainda mais raramente; ao passo que Thor e eu só participamos da mesma equipe uma única vez. Essas situações não são incomuns em hospitais grandes. O hospital em que opero tem 42 salas de cirurgia, onde atuam mais de mil profissionais. Deparamos com novos enfermeiros, técnicos, residentes e médicos a toda hora. Quase sempre encontramos estranhos em nossas equipes. Portanto, o nível do trabalho em equipe – fator pouco falado mas crítico do sucesso nas cirurgias – é imprevisível. Por algum motivo, porém, no momento em que nós seis nos reunimos naquele caso específico, tudo se encaixou com perfeição.

✓

Pareceu sorte, como eu disse. Mas é para não precisarmos contar com isso que os checklists de Toronto, Hopkins e Kaiser foram criados. O fato de insistirem para que as pessoas conversem sobre cada caso, pelo menos durante um minuto antes do início da cirurgia, é, basicamente, uma estratégia para estimular o trabalho em equipe. Outra estratégia é algo muito incomum em minha experiência: todos os membros da equipe cirúrgica devem interromper a rotina e se apresentar, para que o grupo todo se conheça pelo nome.

O checklist do Johns Hopkins é o mais explícito a esse respeito. Antes do início de uma cirurgia com uma nova equipe, todos devem se apresentar, dizendo seu nome e sua função. "Sou Atul Gawande, cirurgião-chefe"; "Sou Jay Powers, enfermeiro de assepsia e instrumentador"; "Sou Zhi Xiong, anestesista" – esse tipo de coisa.

A ideia me pareceu um tanto artificial e fiquei imaginando qual seria sua contribuição. Mas a verdade é que ela foi muito bem pensada. Estudos psicológicos em várias áreas comprovam o que deveria ser evidente – as pessoas que não sabem o nome umas das outras nem de longe trabalham tão bem juntas quanto as que se conhecem pelo nome. E Brian Sexton, o psicólogo do Johns Hopkins, conduziu estudos demonstrando o mesmo efeito também nas salas de cirurgia. Em um desses estudos, seus pesquisadores reuniram os membros de uma equipe de cirurgia fora da sala e lhes fizeram duas perguntas: como eles classificariam o nível de comunicação durante a cirurgia que acabaram de concluir e qual era o nome de cada um dos outros participantes. Os pesquisadores descobriram que na metade das vezes as pessoas não sabiam o nome dos colegas.[10] Mas, quando sabiam, a qualidade da comunicação era considerada muito melhor.

Os pesquisadores que atuaram no Johns Hopkins e em outros hospitais também observaram que, quando os enfermeiros tinham a chance de dizer seus nomes e expor suas preocupações no começo do caso, a probabilidade de identificarem problemas e proporem soluções era maior. Os pesquisadores denominaram essa correlação de "fenômeno da ativação". Oferecer às pessoas a chance de se manifestarem no início de alguma atividade ou empreendimento parece reforçar o senso de participação e de responsabilidade, além de desinibi-las e estimulá-las a falar.

Trata-se de estudos limitados e de modo algum definitivos. Porém, os resultados iniciais são instigantes. Até então, não se mencionava nenhum fator que melhorasse a capacidade dos cirurgiões de reduzir em grande escala as complicações das cirurgias além do treinamento especializado e da experiência profissional. No entanto, agora, em três cidades diferentes, as equipes de cirurgia estavam experimentando esses checklists inusitados e cada uma delas identificara efeitos positivos.

No Johns Hopkins, os pesquisadores avaliaram especificamente os efeitos do checklist em relação ao trabalho em equipe. Onze cirurgiões – sete cirurgiões gerais, dois cirurgiões plásticos e dois neurocirurgiões – concordaram em incorporá-lo à sua rotina. Depois de três meses, o percentual de participantes das operações desses cirurgiões que declaravam "ter trabalhado como uma equipe bem coordenada" saltou de 68% para 92%.[11]

Nos hospitais Kaiser, no sul da Califórnia, os pesquisadores testaram seu checklist durante seis meses, em 3.500 cirurgias.[12] Durante esse tempo, a classificação média do clima do trabalho em equipe pelos participantes melhorara de "bom" para "excelente". A satisfação dos empregados aumentou em 19%. A proporção dos enfermeiros de salas de cirurgia que se demitia durante o ano caiu de 23% para 7%. Além disso, parece que os checklists detectaram numerosas situações de quase erro. Em um exemplo, a conversa anterior à cirurgia levou a equipe a reconhecer que um frasco de cloreto de potássio estava no lugar de um frasco de antibiótico, troca que poderia ter sido letal para o paciente. Em outro, o checklist levou os membros da equipe cirúrgica a descobrir um erro burocrático que os instruía a se preparar para uma toracotomia, procedimento de abertura do peito do paciente, com uma enorme incisão, quando de fato se tratava de uma toracoscopia, procedimento de videoscopia feito por meio de uma incisão com pouco mais de meio centímetro.

Em Toronto, os pesquisadores observaram ao vivo algumas cirurgias em busca de evidências do impacto dos checklists.[13] Eles viram o checklist em uso em apenas 18 operações, mas em 10 delas constataram que as verificações haviam revelado problemas ou ambiguidades importantes – em mais de um caso, a não aplicação de antibióticos, por exemplo; em outro, a incerteza sobre a disponibilidade de sangue para o caso de hemorragia; e, em vários, problemas únicos e exclusivos de cada paciente que, em tese, não seriam identificados por meio de um checklist.

Eles relataram o caso de uma cirurgia abdominal sob anestesia peridural. Nessas situações, o paciente precisa dizer se está sentindo o mais leve sinal de dor, indicando a redução do efeito da anestesia e, em consequência, a necessidade de reforço da dose. Mas essa pessoa, em especial, sofria de uma grave condição neurológica que a deixava incapaz de se comunicar verbalmente. Em vez disso, se manifestava por meio de sinais com as mãos. Em geral, restringimos os movimentos dos braços e mãos dos pacientes para evitar que, sem querer, eles os estendam além dos panos cirúrgicos, tocando os cirurgiões ou o campo operatório. Nesse caso, porém, a rotina normal teria causado sérios problemas. Mas essa situação excepcional só foi reconhecida pela equipe cirúrgica pouco antes de se fazer a incisão. Por causa do checklist, em vez de pegar o bisturi, o cirurgião parou um momento e conversou com todos sobre os planos da cirurgia. O relatório de Toronto inclui uma transcrição da conversa.

– Há alguma consideração anestésica especial? – perguntou o cirurgião.

– Apenas a disartria – respondeu o anestesista, referindo-se ao mutismo do paciente.

O cirurgião pensou por um momento.

– Talvez seja difícil avaliar a função neurológica por causa dessa limitação – observou.

O anestesista concordou.

– Já combinamos um sistema de sinais com ele.

– Então, os braços dele deverão estar livres – argumentou o cirurgião.

O anestesista concordou e a equipe deu um jeito de soltar parcialmente os braços do paciente, mas ainda impedindo o excesso de movimentação.

– Minha outra preocupação é o número de pessoas na sala – prosseguiu o anestesista. – O ruído e a movimentação podem interferir em nossa comunicação com o paciente.

– Vamos pedir silêncio – respondeu o cirurgião.

Problema resolvido.

✓

Nenhum desses estudos foi suficientemente completo para demonstrar que o checklist cirúrgico seria capaz de produzir os resultados finais almejados pela OMS – redução mensurável, pouco dispendiosa e substancial na incidência total de complicações cirúrgicas. Porém, no fim da conferência de Genebra, todos concordamos que valia a pena testar em escala mais ampla um checklist de cirurgia segura.

Um grupo de trabalho pegou os que já haviam sido experimentados e os condensou em um único checklist. Ele continha três pontos de pausa, momentos em que a equipe deve parar e efetuar uma série de verificações antes de prosseguir. Um deles era imediatamente antes da aplicação da anestesia; outro, depois de o paciente ser anestesiado, mas antes da incisão; e o último, no fim da cirurgia, antes de o paciente ser retirado da sala. Os membros do grupo de trabalho distribuíram as numerosas verificações referentes a alergias, antibióticos, equipamentos de anestesia, etc. entre os diferentes pontos de pausa e acrescentaram outras verificações que talvez pudessem fazer diferença na intervenção. Incluíram também as verificações de comunicação, para garantir que todos na sala de cirurgia soubessem o nome uns dos outros e tivessem chance de abordar questões críticas e de manifestar preocupações.

Também decidimos realizar um estudo-piloto adequado de nosso checklist de cirurgia segura em vários hospitais em todo o mundo, financiado pela OMS. Saí de lá entusiasmado e otimista. Ao voltar para casa, em Boston, apressei-me em experimentar eu mesmo o checklist. Imprimi-o e levei-o para a sala de cirurgia. Contei aos enfermeiros e anestesistas o que eu tinha aprendido em Genebra.

– Que tal experimentarmos este checklist sensacional? – propus.

Ele detalhava tarefas para tudo, desde inspeção de equipamentos, passando por administração de antibióticos, até conversas entre os membros da equipe. Eles ficaram olhando para mim com ceticismo, mas foram adiante.

– Claro, como quiser – disseram alguns.

Dei o checklist a Dee, a enfermeira de assepsia e instrumentadora, e lhe pedi que repassasse a primeira seção conosco no momento oportuno. Quinze minutos depois, estávamos prontos para adormecer o paciente sob anestesia geral quando precisei interromper:

– Espere. E o checklist?
– Já fiz isso – disse ela.

E me mostrou a folha. Todos os itens estavam ticados.

– Não! – retruquei. – Deve ser um checklist *verbal*, um checklist *de equipe*.

– Onde está escrito isso? – perguntou ela.

Olhei a impressão de novo. Ela estava certa. Não estava escrito em lugar algum.

– Seja como for, repita-o em voz alta – pedi.

Dee deu de ombros e começou a percorrer a lista. Porém, algumas das verificações eram ambíguas. Ela deveria confirmar que todos conheciam as alergias da paciente ou mencionar todas elas? Depois de alguns minutos às voltas com a lista, todos estavam ficando irritados. Até a paciente começou a se mexer.

– Está tudo bem? – perguntou a mulher, deitada na mesa de cirurgia.

– Ah, sim – respondi. – Estamos apenas repassando nosso checklist. Não se preocupe.

Mas eu também estava ficando impaciente. O checklist era longo demais. E confuso. A certa altura, começava a parecer um fator de distração.

No fim das contas, desistimos de usar o checklist. E era melhor esquecer a história de usá-lo em todo o mundo – ele não estava funcionando nem na primeira sala de cirurgia em que eu o testava.

6
A fábrica de checklists

Algum tempo depois daquela primeira tentativa infeliz, fiz o que deveria ter feito logo de início. Fui à biblioteca e pesquisei alguns artigos sobre como são feitos os checklists da aviação. Por melhores que pareçam os checklists da construção civil, eles são usados em projetos cujos prazos de execução, em geral, se estendem por meses. Em cirurgias, os minutos são importantes. O problema do tempo parecia uma séria limitação. Porém, a aviação também enfrentava esse desafio, e, de alguma maneira, os checklists dos pilotos davam conta do recado.

Entre os artigos que encontrei, havia um de Daniel Boorman, da Boeing Company, em Seattle, Washington.[1] Telefonei para ele. Boorman era um piloto veterano que passara as duas últimas décadas desenvolvendo checklists e controles de cabine de comando para os aviões da empresa a partir do 747-400. Mais recentemente, ele foi um dos líderes da equipe técnica responsável pelo projeto da cabine de comando do novo 787 Dreamliner, que incluía os controles, os painéis e o sistema de checklists. É também um dos responsáveis pela preservação do que poderia ser denominado "filosofia de voo" da Boeing. Todo avião da Boeing se baseia numa teoria que determina como a tripulação de comando pilota a aeronave – quais são suas rotinas, o que se faz manualmente, o que fica por conta dos computadores e como reagir a imprevistos. Poucos especialistas tinham mais experiência em converter essa teoria em prática que Dan Boorman. Ele é descendente direto dos pilotos que elaboraram aquele primeiro checklist para o bombardeiro B-17, três quartos de século atrás. Com base no estudo de milhares de desastres e quase desastres ao longo dos anos, ele tem transformado em ciência a tentativa de evitar erros humanos.

Numa de minhas idas a Seattle, ele concordou em me receber para uma entrevista. A sede da Boeing parecia uma construção comum – um conjunto de edifícios baixos e retangulares de aparência institucional, com pistas de pouso pavimentadas e hangares de aviões por trás deles. Boorman me recebeu na recepção. Era um homem de 51 anos, cabelos curtos e bem aparados, vestindo calça social e camisa aberta no pescoço, com cara de professor de engenharia. Ele me levou por alamedas revestidas de concreto até o Building 3-800, um edifício tão simples e funcional quanto sugere o nome. Um mostruário empoeirado, com fotografias amareladas pelo tempo, parecia não ter sido tocado desde a década de 1960. A divisão de testes de voo era um espaço com lâmpadas fluorescentes, cheio de cubículos. Nós nos sentamos numa sala de reuniões sem janela. Pilhas de manuais de checklist da US Airways, da Delta, da United e de outras empresas de aviação se amontoavam junto a uma parede.

Boorman me mostrou um dos manuais. Era um livro encadernado com espiral, contendo cerca de 200 páginas, onde se viam numerosos post-its. Os checklists de aviação sem dúvida haviam evoluído desde os dias em que tudo se resumia a uma única ficha, abrangendo taxiamento, decolagem e aterrissagem, e me perguntei qual poderia ser a utilidade prática de um volume tão extenso. No entanto, à medida que ele o folheava comigo, percebi que o manual continha não um checklist, mas dezenas deles. Cada um era extremamente conciso, em geral com apenas algumas linhas, ocupando uma página com entrelinhas espaçadas e caracteres grandes e bem legíveis. E cada um se aplicava a uma situação diferente. Em conjunto, cobriam ampla variedade de cenários de voo.

Primeiro, vinham o que os pilotos chamam de checklists "normais": as listas que se aplicam às operações rotineiras de um avião. São as verificações efetuadas antes da partida dos motores, antes de pôr a aeronave em movimento, antes de taxiar na pista e assim por diante. Ao todo, esses checklists ocupavam apenas três páginas. O resto do manual reunia checklists "não rotineiros", compreendendo todas as situações de emergência com que um piloto pode deparar: fumaça na cabine, luzes de advertência piscando, ausência de sinais de rádio, incapacitação de um copiloto e pane de um motor, para mencionar apenas algumas. Trata-se de situações que a maioria dos pilotos jamais irá enfrentar durante toda a carreira – mas estarão lá caso sejam necessários.

Boorman me mostrou um checklist para quando a luz de advertência PORTA DE CARGA DIANTEIRA se acende durante o voo. É o sinal de que a porta da frente do compartimento de carga não está fechada e segura, algo extremamente perigoso. Ele me falou sobre um caso de 1989 em que ocorreu esse problema. Um curto-circuito fizera com que a porta do compartimento de carga de um Boeing 747 se destravasse durante um voo da United Airlines de Honolulu para Auckland, Nova Zelândia, com 337 passageiros a bordo.[2] O avião já passara dos 6.500 metros de altitude e a cabine estava pressurizada, para manter o nível de oxigênio.[3] A essa altitude, uma porta do compartimento de carga destravada oferece grande perigo: se ela abrir o suficiente para permitir a entrada de ar, a grande diferença de pressão entre o interior e o exterior provocará o efeito "puxada de anel" (*ring-pull*), uma liberação explosiva como a que ocorre quando se puxa o anel de abertura de uma lata de refrigerante que tenha sido agitada antes. No voo de Honolulu, a explosão arrancou a porta do compartimento de carga quase imediatamente e arrastou com ela várias janelas do compartimento de passageiros superior e cinco poltronas da classe executiva. Nove passageiros caíram no mar. Os passageiros das poltronas adjacentes só ficaram presos por causa do cinto de segurança. Uma comissária de bordo no corredor quase foi sugada também, mas um passageiro atento conseguiu segurá-la pelo tornozelo, a poucos centímetros do buraco.

A tripulação não tivera tempo para evitar a catástrofe. Desde o destravamento da porta até a explosão e a perda de nove vidas não transcorreram mais do que dois segundos. Depois do acidente, a Boeing reformulou o sistema elétrico das portas do compartimento de carga e, como nenhuma tranca é infalível, instalou trancas adicionais. Se uma falhar, a luz de PORTA DE CARGA DIANTEIRA se acende e a tripulação tem mais tempo para reagir. E é aqui que entra o checklist.

Quando uma tranca falha, explicou Boorman, a tripulação não deve mexer na porta nem achar que as outras trancas resistirão. Em vez disso, o fundamental é equalizar as pressões interna e externa. Quanto menor a pressão da cabine, menor a probabilidade de que a porta exploda.

Os aviões dispõem de um meio aparentemente fácil de reduzir a pressão da cabine: basta apertar um botão de emergência que se sobrepõe aos controles automáticos, liberando o ar da cabine e diminuindo a pressão interna em cerca de 30 segundos. No entanto, essa solução é problemática. Primeiro, a perda repentina de pressão pode ser bem desconfortável para os passageiros, sobretudo por provocar forte dor de ouvido. As crianças são as que mais sofrem, uma vez que suas tubas auditivas ainda não se desenvolveram o suficiente para se ajustar à mudança súbita. Segundo, numa despressurização a uma altitude de 6 mil ou 9 mil metros o ar é rarefeito demais para fornecer o oxigênio necessário ao corpo e ao cérebro.

O voo da United Airlines é uma lição contundente do que pode acontecer, pois a explosão da porta do compartimento de carga despressurizou o avião na hora e, depois disso, a falta de oxigênio se tornou o principal perigo para os passageiros e para a tripulação. Ser sugado para o exterior já não era a questão. Todos tinham condições de se manter afastados do grande buraco de 3 x 5 metros. A temperatura, no entanto, mergulhou para quase abaixo de 0ºC e os níveis de oxigênio caíram tanto que a tripulação ficou zonza e temeu perder a consciência. Os sensores automaticamente deixaram cair as máscaras de oxigênio, mas o fornecimento de oxigênio em aviões dura, em média, cerca de 10 minutos. Além disso, é até possível que não haja fornecimento de oxigênio, justamente o que aconteceu naquele voo.

O gravador de som da cabine de comando registrou os acontecimentos desde o momento em que a porta do compartimento de carga explodiu:

CAPITÃO: O que foi isso?
COPILOTO: Não sei.

Os pilotos avisaram aos controladores de voo que havia algo errado. Dois segundos depois, a pressão da cabine e os níveis de oxigênio despencaram.

COPILOTO: Ponha a máscara, Dave.
COMANDANTE: Sim.
COPILOTO: Honolulu Center Continental One Heavy, quer que viremos para a esquerda?
RÁDIO: Continental One Heavy, afirmativo.
COPILOTO: Virando agora.
COMANDANTE: Não estou recebendo oxigênio.
ENGENHEIRO DE VOO: O que querem que eu faça agora?

VOZ NÃO IDENTIFICADA: [interjeição]
COPILOTO: Você está bem?
COMANDANTE: Sim.
COPILOTO: Está recebendo oxigênio? Não estamos recebendo oxigênio.
ENGENHEIRO DE VOO: Também não estou recebendo oxigênio.

As investigações revelaram depois que a explosão rompera as linhas de fornecimento de oxigênio. Por sorte, a tripulação de comando manteve o controle do avião para descer até uma altitude com níveis de oxigênio suficientes. Superada a emergência imediata, os pilotos conseguiram retornar ao aeroporto de Honolulu. Todos os 18 membros da tripulação e os 328 passageiros remanescentes sobreviveram.

A lição para os pilotos é complicada. Se você estiver voando a 9 mil metros de altitude e a luz de advertência PORTA DE CARGA DIANTEIRA se acender, eliminar o diferencial de pressão entre o interior e o exterior para impedir que a porta exploda é uma ideia muito boa, mas fazer isso apertando o botão de despressurização de emergência e deixar todo mundo com pouco oxigênio é uma ideia péssima. Em vez disso, explicou Boorman, a melhor alternativa é fazer uma descida rápida, mas controlada, para 2.500 metros ou para o mais próximo disso. A essa altitude, é possível liberar com segurança a pressão interna do avião – a 2.500 metros, os níveis de oxigênio são adequados para que as pessoas respirem normalmente. E, assim, o risco de uma porta explodir, como aconteceu no acidente da United Airlines, será eliminado com segurança.

✓

O checklist PORTA DE CARGA DIANTEIRA definia todos esses passos. E Boorman salientou o cuidado com que fora elaborado para que a tripulação pudesse empregá-lo em situações de emergência. Todos os checklists de aviação da Boeing – a empresa divulga mais de 100 por ano, novos ou revisados – são reunidos meticulosamente. O grupo de operações de voo de Boorman é uma fábrica de checklists e seus especialistas aprenderam ao longo dos anos como produzir versões eficazes.

Boorman explicou que existem checklists bons e ruins. Os ruins são vagos, imprecisos, longos demais, de uso difícil e pouco práticos. São feitos por burocratas que não têm ideia das situações em que serão usados. Tratam os usuários como idiotas e tentam esmiuçar todos os detalhes. Desligam os cérebros em vez de estimulá-los.

Os bons checklists, por outro lado, são precisos, eficientes, objetivos e de fácil uso, mesmo nas situações mais complicadas. Não tentam detalhar tudo – checklists não pilotam aviões. Apenas fornecem lembretes dos passos mais críticos e mais importantes: aqueles que até o mais qualificado dos usuários pode omitir. Os bons checklists são, acima de tudo, práticos.

O poder dos checklists é limitado, como enfatizou Boorman. Eles podem ajudar os especialistas a gerenciar um processo complexo ou a configurar uma máquina intrincada.[4] Podem definir prioridades com mais clareza e levar as pessoas a atuarem melhor como equipe. Porém, por si sós, os checklists não podem obrigar ninguém a segui-los.

Imagino, por exemplo, que quando a luz de advertência PORTA DE CARGA DIANTEIRA se acende no painel de controle, o primeiro instinto do piloto talvez não seja pegar o livro de checklists. Afinal, quantas vezes uma luz de advertência que se acende de repente acaba sendo alarme falso? Apenas 1 em cada 500 mil voos sofre um acidente de qualquer espécie. Assim, o piloto fica tentado a confirmar se aquilo procede, talvez pedindo que alguém verifique os circuitos antes de concluir que, de fato, há algo errado.

Os pilotos, contudo, recorrem a checklists por dois motivos. Primeiro, são treinados para isso. Aprendem logo na escola de aviação que sua memória e seu julgamento não são confiáveis e que muitas vidas dependem do reconhecimento dessa realidade. Segundo, os checklists já comprovaram seu valor – são eficazes. Entretanto, por mais que os pilotos sejam instruídos a confiar mais nos procedimentos que no instinto, isso não significa que o façam às cegas. Os checklists de aviação não são, de modo algum, perfeitos. Alguns se mostraram confusos, obscuros ou falhos.[5] Mesmo assim, conquistaram a confiança dos pilotos. É espantoso como eles recorrem aos checklists na iminência de catástrofes.

Na transcrição dos registros de voz do voo da United Airlines que saiu de Honolulu, por exemplo, a disposição dos pilotos a confiar nos procedimentos é impressionante. As circunstâncias eram assustadoras. Destroços voavam dentro do avião. O ruído era intenso. Seus corações provavelmente estavam em disparada. E eles tinham muito em que se concentrar. Além do problema imediato do oxigênio, fragmentos da parte da fuselagem que fora arrancada pela explosão colidiram com a turbina nº 3, na asa direita, e a desativaram. Outros destroços atingiram a turbina nº 4 e provocaram um incêndio. Os flaps externos da asa foram danificados. Em seus assentos na dianteira do avião, tentando decidir o que fazer, a tripulação de comando ainda não tinha ideia do que realmente acontecera. A princípio, acharam que uma bomba tinha explodido. Não conheciam a verdadeira extensão dos danos nem sabiam se poderia ocorrer outra explosão. De qualquer forma, precisavam desligar os motores destruídos, notificar a emergência aos controladores de voo, descer para uma altitude segura, verificar até que ponto o avião era manobrável, definir que alarmes no painel de controle poderiam ignorar e quais deveriam considerar, para, então, decidir se deveriam pousar o avião no mar ou retornar a Honolulu. É em momentos de tensão como esse que se verifica se os pilotos confiam no instinto ou nos procedimentos.

Sabe o que eles fizeram? Pegaram o livro de checklists.

> COMANDANTE: Você quer que eu leia um checklist?
> ENGENHEIRO DE VOO: Sim. Estou com ele aqui. Quando você estiver pronto.
> CAPITÃO: Pronto.

Havia muito a repassar e eles precisavam escolher bem as prioridades. Seguindo os protocolos, reduziram a altitude, desligaram com segurança os dois motores danificados, testaram a capacidade do avião de aterrissar, apesar dos estragos na asa, descartaram combustível para reduzir o peso e retornaram com sucesso a Honolulu.

Para os pilotos, essas verificações se mostraram confiáveis. Isso se deve a pessoas como Boorman, que aprenderam a fazer bons checklists. Sem dúvida, nossas versões usadas em cirurgias tinham boas perspectivas.

✓

Boorman explicou que, ao fazer um checklist, é preciso tomar várias decisões importantes. A primeira é definir com clareza um "ponto de pausa" em que se deve usar o checklist (a não ser que o momento seja óbvio, como quando uma luz de advertência se acende ou ocorre pane em um dos motores). Outra é escolher entre um checklist FAÇA-CONFIRME ou um checklist LEIA-FAÇA. No tipo FAÇA-CONFIRME, os membros da equipe executam as tarefas com base na memória e na experiência, em geral separadamente. Depois, fazem uma pausa para ler o checklist e confirmar se efetuaram todos os procedimentos. Na modalidade LEIA-FAÇA, por outro lado, as pessoas executam as tarefas à medida que as leem no checklist. É mais como uma receita. Portanto, ao criar um novo checklist, é preciso estipular primeiro o tipo mais adequado à situação.

O checklist não pode ser extenso. Uma regra prática muito comum é mantê-lo entre cinco e nove itens, que é o limite da memória operacional. Mas Boorman não sugere que essa ideia seja seguida à risca. "Tudo depende do contexto", disse ele. "Em algumas situações, só se dispõe de 20 segundos. Em outras, talvez haja vários minutos disponíveis."

Porém, depois de cerca de 60 a 90 segundos em determinado ponto de pausa, o checklist muitas vezes se transforma em fator de distração. Os usuários começam a improvisar atalhos. Tarefas são omitidas. Portanto, é recomendável adotar uma lista sucinta, com o que ele chamou de "itens vitais" – os passos que, se forem ignorados, representarão maior perigo. (Na aviação, informações e casos que ajudem a identificar as tarefas mais importantes e a estimar a frequência com que são ignoradas possuem extrema importância, embora nem sempre estejam à disposição.)

A redação deve ser simples e exata, usando os termos mais comuns na profissão, aconselha Boorman. Até o formato do checklist é importante. O ideal é que caiba numa página. Não pode ser confuso nem conter cores desnecessárias. Deve ser em caixa alta e baixa para facilitar a leitura. (Ele chega à minúcia de recomendar o uso de fontes sem serifa, como a Helvetica.)

Até certo ponto, procedemos desse modo ao elaborar nosso checklist de cirurgia. Sem dúvida, precisávamos enxugá-lo. Além disso, certos itens da lista poderiam ser mais objetivos e menos confusos. Achei que consertaríamos isso com facilidade. Mas Boorman foi incisivo sobre outro ponto: por mais que tenhamos sido cuidadosos, por mais estudos e pesquisas que tenham sido feitos, o checklist deve ser testado no mundo real, o que é mais complicado do que se imagina. As primeiras versões são sempre inadequadas e incompletas, afirmou ele, sendo necessário aplicá-las na prática, melhorá-las e testá-las de novo até que o checklist demonstre sua eficácia.

Isso não é fácil no campo da cirurgia nem na aviação, concluímos. Você não pode destravar uma porta de carga em pleno voo e observar como a tripulação enfrenta o problema. Porém, para isso existem os simuladores de voo. E então Boorman se ofereceu para me mostrar um.

Caminhamos uma pequena distância e entramos em um prédio adjacente, deparando com uma estranha caixa, semelhante a uma cápsula espacial, instalada sobre três grandes suportes hidráulicos. Boorman me conduziu para o interior da instalação e lá dentro encontrei uma cabine de comando completa de um Boeing 777-200ER. Ele me indicou a poltrona do comandante, no lado esquerdo, enquanto se instalava na poltrona à direita. Em seguida, me ensinou a afivelar o cinto de segurança. No lugar do para-brisa havia três telas de plasma que foram ligadas por um assistente.

"Que aeroporto você quer?", perguntou Boorman. "Temos quase todos os aeroportos do mundo em nosso banco de dados."

Escolhi o aeroporto de Seattle, onde eu havia desembarcado no dia anterior, e, de repente, a pista encheu as telas à minha frente. Era incrível. Estávamos estacionados junto a um portão de embarque. Funcionários com veículos de bagagem ziguezagueavam ao redor do avião. Mais ao longe, eu via outras aeronaves taxiando.

Boorman me acompanhou em nossas verificações. Na parede à minha esquerda havia uma abertura onde se guardava o livro de checklists, mas era apenas uma cópia de segurança. Os pilotos em geral usam um checklist eletrônico que aparece no monitor do console central. Ele me mostrou como são feitas as verificações lendo-o na tela.

– Oxigênio – disse, e indicou onde eu podia confirmar o nível de fornecimento.

– Testado, 100% – deveria ser a minha resposta.

– Instrumentos de voo – disse, e me mostrou onde fazer as leituras de altitude e de curso.

Em nossa primeira verificação da cabine de comando, tínhamos que checar apenas quatro itens. Antes de ligar os motores, havia outros seis itens a serem ticados, além de uma mensagem pedindo que confirmássemos se havíamos concluído nosso "briefing de taxiamento e decolagem" – a conversa entre piloto e copiloto a respeito dos planos de taxiamento e decolagem, além de outras considerações pertinentes. Boorman o repassou comigo.

O plano dele, pelo que entendi, era fazer uma decolagem "normal" na pista 16L, decolar a uma velocidade X, "seguir o padrão de partida" para o sudeste e subir até 6 mil metros. Ele também disse algo que pareceu importante sobre a configuração do rádio. Em seguida, mencionou várias coisas incompreensíveis – do tipo se uma das turbinas falhasse durante a decolagem, desaceleraríamos se ainda estivéssemos no solo, continuaríamos a subir se ainda tivéssemos uma turbina ou procuraríamos um bom local para aterrissagem nas proximidades se não tivéssemos. Fiz que sim com a cabeça, como se houvesse compreendido tudo.

– Algo a acrescentar? – perguntou.

– Não – respondi com toda a seriedade.

Ele deu a partida e, embora na verdade não houvesse turbinas, ouvia-se a aceleração delas e tivemos que falar mais alto. Antes de taxiar para a pista, fizemos nova pausa para cinco outras verificações: se havia necessidade de descongelamento da aeronave e, caso houvesse, se tinha sido concluído; se os freios automáticos estavam ativados; se os controles de voo foram verificados; se os equipamentos de solo foram desconectados e se nenhuma luz de advertência se acendera.

Os três checklists não tomaram muito tempo – talvez 30 segundos cada um – e o briefing, mais ou menos um minuto. A concisão não foi produto do acaso, explicou Boorman. Os especialistas passaram horas observando os testes das primeiras versões nos simuladores, cronometrando-os, aprimorando-os e reduzindo-os aos itens críticos absolutamente essenciais.

Ao concluir que estávamos prontos, ele mandou que eu saísse do portão. Por incrível que pareça, eu seria o piloto desse voo. Ele me instruiu a pisar firme no pedal do freio, com os dois pés, para liberá-lo. Senti um solavanco quando o avião se moveu para a frente. Controlei a direção das rodas do nariz por meio de uma alavanca de metal giratória à minha esquerda, que eu empurrava para a frente a fim de virar à direita e puxava para trás a fim de virar à esquerda, e a velocidade, com os controles de aceleração, três alavancas no console central. De início, avancei meio em zigue-zague, mas, quando chegamos à pista de decolagem, eu já tinha pegado o jeito. Desacelerei totalmente o avião e travei o pedal do freio com os dois pés para esperar nossa vez de decolar. Boorman sacou o checklist "Antes da decolagem".

– Flaps – disse ele.
– Acionados – respondi.

Aquilo estava começando a ficar divertido. Recebemos da torre de controle o aviso de que estávamos liberados. Destravei os freios novamente. Boorman me mostrou até que ponto empurrar o acelerador. Começamos a acelerar na pista, a princípio devagar, mas logo tive a impressão de que estávamos num foguete. Enquanto o avião avançava, eu pressionava os pedais do leme direito e do leme esquerdo para nos manter na linha central. Então, quando ele me deu a ordem, puxei o manche e senti a aeronave se levantar do solo. Não sei como o simulador provoca essa sensação, mas realmente parecia que estávamos voando.

Alcançamos as nuvens. Eu podia ver a cidade se afastar lá embaixo. Lentamente subimos até 6 mil metros. Foi quando a luz PORTA DE CARGA DIANTEIRA se acendeu. Eu me esquecera de que aquele era o objetivo do exercício. As primeiras duas linhas do checklist eletrônico apareceram na tela, mas agarrei o de papel para ver todo o checklist de uma vez.

Logo percebi que era um checklist LEIA-FAÇA, com apenas sete linhas. O texto explicava que a porta dianteira do compartimento de carga não estava travada e segura e que nossa meta era reduzir o risco de abertura da porta.

Eu sabia muito bem que aquilo era uma simulação, mas, mesmo assim, senti meu coração disparar. O checklist dizia para diminuir *parcialmente* a pressão da cabine. Na verdade, a instrução do checklist era "*LDG ALT selector*" – que, segundo Boorman me explicou, é o controle de pressão da cabine no painel superior – e "Desça até 2.500". Segui as instruções.

O checklist mandava que descêssemos para a altitude mais baixa possível ou para 2.500 metros, a que fosse mais alta. Empurrei o manche para a frente, inclinando para baixo o nariz. Boorman indicou qual medida devia ser observada e, depois de alguns minutos, nivelamos o avião a 2.500 metros de altitude. Agora, o checklist dizia para reverter de automático para manual as válvulas de saída de ar, mantendo-as pressionadas durante 30 segundos para liberar o restante da pressão. Também fiz isso. E conseguimos. O avião não explodiu. Estávamos em segurança. Voar não era tão difícil assim, tive vontade de dizer.

No entanto, o checklist deixou de especificar numerosos passos – informar à torre de controle que tínhamos uma emergência, por exemplo; instruir os comissários de bordo sobre o que fazer; localizar o aeroporto mais próximo em que pudéssemos aterrissar com segurança; e inspecionar a porta de carga. Eu ainda não tinha feito nada disso. Mas Boorman se incumbira dessas tarefas. As omissões foram intencionais, explicou ele. Embora essas sejam tarefas críticas, a experiência já demonstrara que os pilotos profissionais praticamente nunca se esqueciam delas no momento oportuno. Portanto, não há necessidade de incluí-las no checklist – na verdade, elas não devem ser incluídas.

Em geral, não se compreende como funcionam os checklists em linhas de trabalho complexas. Eles não são manuais de instruções abrangentes do tipo "como construir um arranha-céu", ou "como resolver problemas inesperados em aeronaves". Os checklists são ferramentas rápidas e simples criadas para reforçar as habilidades de profissionais qualificados. E, ao se manterem acessíveis e práticos, embora deliberadamente discretos e despretensiosos, eles salvam milhares de vidas.

✓

Vamos a outra história de aviação, esta relativamente recente. O incidente ocorreu em 17 de janeiro de 2008, quando o voo 38 da British Airways se aproximava de Londres, vindo de Pequim, após quase 11 horas no ar, com 152 pessoas a bordo. O Boeing 777 estava descendo rumo ao aeroporto de Heathrow. Passava um pouco do meio-dia. As nuvens eram finas e escassas. A visibilidade era de quase 10 quilômetros. O vento era fraco e a temperatura, amena: 10ºC. O voo fora absolutamente tranquilo até aquele momento.

Então, a pouco mais de 3 quilômetros do aeroporto e a cerca de 200 metros de altitude, sobre um bairro residencial, exatamente quando o avião deveria acelerar um pouco para nivelar a descida, as turbinas falharam. Primeiro, a turbina direita desacelerou para o mínimo; em seguida, a esquerda. O copiloto estava nos controles para a aterrissagem e, por mais que tentasse aumentar o empuxo, não conseguia nenhuma reação das turbinas. Por nenhuma razão aparente, o avião ficara assustadoramente silencioso.

Ele estendeu os flaps da asa, para que o avião planasse tanto quanto possível, e tentou manter a linha de aproximação original. Mas a aeronave estava perdendo velocidade depressa demais. Os investigadores de desastres da Agência de Investigações de Acidentes Aéreos (AAIB, na sigla em inglês) da Inglaterra calcularam que a aeronave estava caindo a cerca de 7 metros por segundo.[6] No momento do impacto, a mais ou menos 400 metros da pista, o avião estaria avançando com a velocidade de quase 200 quilômetros por hora.

Por sorte ninguém morreu, seja no avião, seja em terra. A aeronave por muito pouco não atingiu algumas casas nas proximidades. Passageiros de automóveis que passavam pela rodovia ao lado do aeroporto viram o avião se aproximando e acharam que iam morrer. Por uma dessas coincidências de significado internacional, um dos carros transportava o primeiro-ministro britânico, Gordon Brown, para o avião dele, que o levaria em sua primeira visita oficial à China. "Ele passou a apenas alguns metros de nossas cabeças, quase arrancando um poste de iluminação, aproximando-se em alta velocidade e muito, muito baixo", contou ao *Daily Mirror*, de Londres, um assessor que viajava com o primeiro-ministro.[7]

O avião desceu num campo gramado, pouco além da rodovia, produzindo o que uma testemunha descreveu como "enorme estrondo". As rodas do nariz se soltaram com o impacto.[8] Um dos trens de pouso principais, no lado direito, separou-se da aeronave e suas duas rodas dianteiras direitas quebraram, atingindo o lado direito traseiro da fuselagem e penetrando no compartimento de passageiros, na altura das fileiras 29 e 30. O outro trem de pouso principal, no lado esquerdo, rasgou a asa, provocando o vazamento de 1.400 litros de combustível. Testemunhas viram fagulhas, mas, por algum motivo, o combustível não se incendiou. Embora o avião tenha sido totalmente destruído pela violência do choque, os passageiros saíram quase ilesos – o avião deslizara no solo por mais de 300 metros, o que reduziu seu impulso e atenuou o impacto. Apenas pouco mais de 10 passageiros precisaram de atendimento médico. O caso mais grave foi uma perna quebrada.

Os investigadores da AAIB chegaram à cena do desastre em uma hora e iniciaram o trabalho de apuração das causas do acidente. Os relatórios iniciais, publicados depois de um mês e depois de quatro meses, apenas relataram o sentimento de frustração.[9] Eles removeram os motores e o sistema de combustível, desmontando-os peça a peça. Mas não encontraram nenhum defeito. Os dados compilados mostraram que o fluxo de combustível para os motores se reduzira por algum motivo desconhecido, mas a inspeção das linhas de alimentação com um boroscópio – um longo videoscópio de fibra óptica – não revelou falhas nem obstruções. Testes das válvulas e das fiações que controlavam o fluxo de combustível mostraram que tudo funcionava normalmente. Os tanques de combustível não continham resíduos que pudessem ter bloqueado as linhas de alimentação.

Assim, a atenção se concentrou no próprio combustível. Os testes demonstraram que se tratava de combustível comum Jet A-1. Mas os investigadores, considerando o percurso do avião sobre o oceano Ártico, levantaram a seguinte dúvida: será que o combustível teria congelado durante o voo, provocando o acidente e depois descongelando-se sem deixar vestígios? O voo da British Airways sobrevoara a fronteira da China com a Mongólia, onde a temperatura externa naquele dia de meados do inverno era de –65ºC. Ao cruzar os montes Urais e a Escandinávia, a temperatura externa caiu para –76ºC. Nenhum dos dois registros é considerado excepcional para voos polares. Embora o ponto de congelamento do combustível Jet A-1 seja de –47ºC, supunha-se que o problema já tivesse sido resolvido. Aeronaves que seguem o curso do Ártico devem proteger o combustível contra o frio extremo e os pilotos monitoram constantemente a temperatura do combustível. As rotas transpolares para jatos comerciais começaram em fevereiro de 2001 e milhares de aviões já percorreram esse trecho sem incidentes. Com efeito, no voo da British Airways, a temperatura mais baixa do combustível, segundo os registros, foi de −34ºC, bem acima do ponto de congelamento. Além disso, o avião sobrevoava Londres no momento em que os motores perderam força, e a temperatura local era amena.

Mesmo assim, os investigadores continuaram receosos de que o curso do voo tivesse contribuído para o acidente e propuseram uma teoria complexa. O combustível para jatos geralmente contém baixo teor de umidade, menos de duas gotas por galão. Durante os voos em baixas temperaturas, a umidade congela e flutua no combustível como minúsculos cristais de gelo em suspensão. Essa ocorrência nunca foi considerada um problema significativo. Porém, num percurso longo e tranquilo – como aquele – o fluxo de combustível fica tão lento que os cristais têm tempo para se sedimentar e talvez se acumular em algum ponto do tanque de combustível. Nessas condições, durante uma aceleração breve e intensa como a da aproximação final para a descida, o aumento súbito no fluxo de combustível pode soltar o acúmulo, provocando o bloqueio de suas linhas de alimentação.

Os investigadores não tinham provas concretas da teoria. Era possível, mas bastante improvável. No entanto, eles testaram o que aconteceria caso se injetasse água diretamente no sistema de combustível, sob condições de congelamento.[10] E constataram que os cristais que se formaram de fato poderiam entupir as linhas.

Quase oito meses depois do desastre, essa era a única explicação plausível. Todo mundo estava ansioso para fazer alguma coisa antes que se repetisse um acidente semelhante. Considerando a hipótese de a explicação estar correta, os investigadores propuseram algumas manobras durante o voo para resolver o problema. Quando um motor perde força, o instinto do piloto é aumentar o empuxo – acelerar o motor. Porém, se ocorreu acumulação de cristais, o aumento do fluxo de combustível serve apenas para lançar mais cristais nas linhas de alimentação. Assim, os investigadores determinaram que os pilotos fizessem o oposto e desligassem o motor por um momento, reduzindo o fluxo de combustível e dando tempo para que os trocadores de calor na tubulação derretessem o gelo – o que leva apenas alguns segundos –, criando condições para a recuperação dos motores. Esse era o melhor palpite dos investigadores.

Assim, em setembro de 2008, a agência reguladora da aviação nos Estados Unidos, FAA, emitiu diretrizes minuciosas com os novos procedimentos a serem seguidos pelos pilotos para evitar o acúmulo de gelo em voos polares e também para restabelecer o controle do voo na hipótese de falha dos motores provocada pela cristalização de umidade no combustível.[11] Os pilotos de todo o mundo deveriam tomar conhecimento dessas descobertas e incorporar os novos procedimentos em suas práticas no prazo de 30 dias. O mais extraordinário nesse episódio – e a justificativa para contar essa história – é que os pilotos de fato seguiram as diretrizes.

A maneira como isso aconteceu – envolvendo checklists, é claro – é bastante instrutiva. Mas, antes disso, vamos refletir sobre o que ocorre na maioria das profissões após uma falha grave. Para começar, é raro analisarmos nossos fracassos. Não o fazemos na medicina, no magistério, na advocacia, no mundo financeiro, nem em praticamente qualquer outro tipo de trabalho onde os erros não viram manchete de jornal. Um único tipo de erro pode afetar milhares de pessoas, mas como, em geral, prejudica uma única pessoa de cada vez, é comum não nos empenharmos na busca de explicações.

Às vezes, porém, os fracassos são investigados e então aprendemos métodos mais eficazes. E o que acontece depois? Talvez as descobertas sejam divulgadas ou analisadas em cursos ou em congressos e seminários, ou quem sabe apareçam num periódico profissional ou num livro-texto. Em circunstâncias ideais, emitimos um volumoso conjunto de diretrizes ou editamos novas normas. Porém, a divulgação da nova prática não está de modo algum assegurada e a adoção dos novos procedimentos entre os profissionais geralmente leva anos.

Uma pesquisa médica, por exemplo, analisou os resultados de nove diferentes descobertas importantes sobre novos tratamentos, como a constatação de que a vacina contra o pneumococo protege não só crianças mas também adultos contra infecções respiratórias, uma das doenças mais letais.[12] Segundo o estudo, em média os médicos demoram *17 anos* para adotar os novos tratamentos em pelo menos metade dos pacientes americanos.

O que especialistas como Dan Boorman reconheceram é que, em geral, a razão do atraso não é preguiça nem má vontade. Com mais frequência, ele se deve ao fato de que o novo conhecimento não foi expresso de forma sistemática, simples, acessível e prática. Se todas as novas descobertas capazes de afetar a pilotagem segura de aeronaves se transformassem apenas em longos e densos boletins, os pilotos depariam com uma enxurrada semelhante aos quase 700 mil artigos publicados todos os anos em numerosos periódicos médicos com que os profissionais da minha área deparam.[13] Seria impossível administrar esse excesso de informações.

Porém, na aviação, quando os investigadores de desastres emitem seus boletins – densos e minuciosos como tudo em medicina –, Boorman e sua equipe mergulham no trabalho de filtrar a essência prática de todo aquele volume de dados.

Eles redigiram uma nova versão dos checklists-padrão que os pilotos usam em voos polares. Depois de muito analisar novos pontos de pausa – como os pilotos saberão, por exemplo, quando a falha de um motor decorre de congelamento ou de outras causas? –, eles reformularam, atualizaram e aprimoraram o checklist existente. Em seguida, o grupo testou o novo checklist com pilotos no simulador, encontrou problemas e os consertou, repetindo tudo outra vez em novos testes práticos.

A equipe da Boeing demorou cerca de duas semanas para concluir a atualização e experimentação do novo checklist e chegar à versão final. A fase seguinte foi enviá-lo a todos os proprietários de Boeing 777 no mundo. Algumas empresas de aviação adotaram o checklist na forma original, mas muitas, se não a maioria, fizeram seus próprios ajustes no original. Assim como escolas e hospitais tendem a fazer as coisas de maneira ligeiramente diferente, também as empresas de aviação têm suas peculiaridades e, de fato, são estimuladas a modificar os checklists para adaptá-los a seus procedimentos. (Essa adaptação é a razão pela qual, quando empresas de aviação se fundem, uma das principais batalhas entre os pilotos de uma e de outra empresa se trava em torno dos checklists que prevalecerão.) Mais ou menos um mês após a emissão das novas recomendações, a maioria dos pilotos já tinha o novo checklist em mãos – ou nos computadores de bordo. E ele foi usado.

Como sabemos disso? Em 26 de novembro de 2008, o desastre quase aconteceu de novo. Dessa vez foi num voo da Delta Air Lines, de Xangai para Atlanta, com 247 pessoas a bordo.[14] O Boeing 777 estava a quase 12 mil metros de altitude, sobre a cidade de Great Falls, Montana, quando sofreu um "*rollback*" espontâneo" do motor direito nº 2 – em outras palavras, o motor parou. As investigações depois mostraram que o gelo havia bloqueado as linhas de combustível – a teoria do congelamento estava correta – e a Boeing efetuou uma mudança mecânica para evitar que isso ocorresse de novo. Porém, naquele momento, a perda de uma ou duas turbinas, sobrevoando as montanhas de Montana, poderia ter sido catastrófica.

No entanto, o piloto e o copiloto sabiam o que fazer. Sacaram o checklist e seguiram suas diretrizes. Em consequência, conforme as expectativas, o motor se recuperou e 247 pessoas se salvaram. Foi algo tão tranquilo e discreto que os passageiros nem notaram o que estava acontecendo.

Para mim, aquela era uma solução que também deveria ser adotada na área da cirurgia.

7
O teste

De volta a Boston, instruí minha equipe de pesquisas para que tornasse acessível nosso novo checklist de cirurgia segura. Tentamos seguir as lições da aviação, tornando-o mais claro e mais rápido. Adotamos o formato FAÇA-CONFIRME, em vez do formato LEIA-FAÇA, para dar aos usuários mais flexibilidade na execução de suas tarefas, mas pedimos que fizessem uma pausa em certos pontos-chave para confirmar a execução das tarefas mais importantes. A nova versão saiu com várias melhorias.

O próximo passo foi testá-la num simulador, também conhecido como sala de reuniões da escola de saúde pública, onde faço pesquisas. Pedimos a uma assistente que se deitasse numa mesa para se passar por nossa paciente. Determinamos quem representaria os papéis de cirurgião, assistente cirúrgico, enfermeiro de assepsia e instrumentador, enfermeiro-chefe e anestesista. Mas tivemos problemas logo no começo da simulação.

Quem, por exemplo, interromperia a cirurgia e iniciaria o checklist? Tínhamos sido vagos a esse respeito e logo constatamos que a decisão era relevante. Conseguir a atenção de todos durante uma cirurgia exige alto grau de assertividade, um nível de controle que, em geral, é exclusivo do cirurgião. Talvez o cirurgião devesse iniciar o processo, foi a minha sugestão. Ninguém gostou da ideia. Um participante observou que, na aviação, não é à toa que o "piloto que não está pilotando" é quem inicia o checklist. O "piloto que está pilotando" tende a se concentrar nas tarefas do voo e a esquecer o checklist. Além disso, a divisão da responsabilidade envia a mensagem de que todos – não só a pessoa no comando – são responsáveis pelo bem-estar geral do voo e devem ter autoridade para questionar o processo. Meus colegas argumentaram que, para que o checklist de cirurgia segura fizesse diferença, ele deveria seguir a mesma orientação: distribuir a responsabilidade e a autoridade para questionar. E assim incumbimos o enfermeiro-chefe de iniciar o checklist.

Mas será que os enfermeiros deveriam fazer marcas de verificação no checklist? Decidimos que não. Não havia necessidade de produzir registros. Nosso propósito era promover verificações e conversas entre os membros da equipe a fim de garantir que todas as tarefas fossem executadas e que todos fizessem o necessário para a obtenção do melhor resultado possível.

Todas as linhas do checklist precisavam de pequenos ajustes. Identificamos cada nova versão pela hora no relógio de parede. Queríamos que as verificações em cada um dos três pontos de pausa – antes da anestesia, antes da incisão e antes da saída da sala de cirurgia – demorassem no máximo 60 segundos e ainda não tínhamos conseguido isso. Se quiséssemos que nosso checklist fosse aceito no ambiente de alta tensão das salas de cirurgia, sua aplicação teria que ser ágil e rápida. Concluímos que era preciso cortar mais algumas linhas – os itens não vitais.

Essa veio a ser a parte mais difícil do exercício. Existe uma tensão inerente entre brevidade e eficácia. Quando se corta demais, não restam verificações suficientes para melhorar o serviço. Quando se deixa um excesso de itens, a lista fica muito longa para ser usada na prática. Além disso, um item crítico para um especialista pode não ser crítico para outro. Em 2007, voltamos a reunir nosso grupo de especialistas internacionais da OMS, dessa vez em Londres, para considerar essas questões. Como era esperado, as discordâncias mais intensas giraram em torno do que deveria sair e do que deveria ficar.

Estudos europeus e americanos já haviam descoberto, por exemplo, que, em operações longas, as equipes podiam reduzir substancialmente os riscos de os pacientes desenvolverem trombose venosa injetando-lhes uma dose baixa de anticoagulante sanguíneo, como heparina, ou calçando-os com meias elásticas. No entanto, pesquisadores da China e da Índia questionam essa necessidade, uma vez que as taxas de coágulos sanguíneos são muito mais baixas nas populações orientais do que nas ocidentais, com mortalidade muito inferior. Além disso, para os países pobres e de renda média, as soluções – heparina e meias – não são baratas. E qualquer erro cometido por profissionais inexperientes ao administrarem o anticoagulante pode resultar em perigosa overdose. O item foi excluído.

Também analisamos a questão dos incêndios em salas de cirurgia, problema notório. As equipes cirúrgicas dependem de equipamentos elétricos de alta voltagem e de dispositivos de cauterização que podem produzir faíscas, além do fornecimento de altas concentrações de oxigênio – fatores às vezes muito próximos. Em consequência, a maioria dos centros cirúrgicos do mundo já enfrentou princípios de incêndio. Esses acidentes são assustadores. O oxigênio puro pode tornar quase qualquer coisa altamente inflamável – os panos cirúrgicos sobre os pacientes, por exemplo, e até o tubo de respiração inserido em sua garganta. Porém, esses incêndios também são evitáveis. Se as equipes garantirem a inexistência de vazamentos de oxigênio, mantiverem os ambientes oxigenados com as mais baixas concentrações possíveis, minimizarem o uso de antissépticos contendo álcool e impedirem a passagem de fluxos de oxigênio para o campo cirúrgico, não haverá incêndios. Além disso, algumas medidas preventivas também podem evitar danos aos pacientes na hipótese de incêndios

– em especial, certificar-se de que todos sabem as localizações das válvulas de gás, de alarmes e de extintores de incêndio. Esses itens podem ser incluídos com facilidade nos checklists.

Porém, em comparação com os grandes assassinos globais em cirurgia, como infecção, hemorragia e anestesia sem segurança, os incêndios são muitíssimo raros. Das dezenas de milhões de cirurgias realizadas por ano nos Estados Unidos, estima-se que em apenas 100 ocorram incêndios, com um número ainda muito mais inexpressivo de fatalidades.[1] Em comparação, cerca de 300 mil operações resultam em infecções no campo cirúrgico, a que estão associadas mais de 8 mil mortes.[2] Temos sido muito mais eficazes na prevenção de incêndios que na profilaxia de infecções. Como as verificações necessárias para eliminar totalmente a possibilidade de incêndios tornariam a lista muito mais longa, eliminamos também esse item.

Não houve nada especialmente científico nem consistente nesse processo decisório. Operar o paciente errado ou o lado errado do corpo também são acontecimentos bastante raros. Porém, as verificações para evitar esses tipos de erros são relativamente rápidas e já são aceitas em vários países, inclusive nos Estados Unidos, sem falar que esse tipo de erro atrai muita atenção. Portanto, mantivemos as respectivas verificações.

Em contraste, nossas verificações para evitar falhas de comunicação abordavam amplas e variadas fontes notórias de fracassos. Entretanto, nosso método – pedir que as pessoas se apresentem umas às outras e conversem sucintamente sobre os aspectos críticos de determinado caso – jamais teve sua eficiência comprovada. Apesar disso, melhorar o trabalho em equipe era tão fundamental para fazer alguma diferença que estávamos dispostos a manter essas verificações e testá-las.

Depois de nossa reunião em Londres, fizemos outros testes em pequena escala – apenas um caso de cada vez. Primeiro, pedimos que uma equipe em Londres experimentasse a versão preliminar do checklist e nos apresentasse sugestões. Em seguida, solicitamos o mesmo a uma equipe em Hong Kong. Depois de certo ponto, parecia que tínhamos feito tudo o que era possível. Tínhamos um checklist pronto para ser submetido aos usuários.

A versão final do checklist de cirurgia segura da OMS contém 19 verificações no total.[3] Antes da anestesia, há sete verificações. Os membros da equipe confirmam que o paciente (ou um representante legal do paciente) checou sua identidade e consentiu na cirurgia. Certificam-se de que o campo cirúrgico está demarcado e que o oxímetro do pulso – que monitora os níveis de oxigênio – está instalado e funcionando. Verificam as alergias do paciente a medicamentos. Analisam os riscos de problemas respiratórios – o aspecto mais perigoso da anestesia geral – e confirmam a disponibilidade de equipamentos e de outros recursos para situações de emergência. Por fim, se houver a possibilidade de perda de mais de meio litro de sangue (ou o equivalente para crianças), observam se os cateteres intravenosos, para a transfusão de sangue e outros fluidos, estão prontos para uso a qualquer momento.

Depois da anestesia, mas antes da incisão, são feitas outras sete verificações. Os membros da equipe confirmam que se apresentaram, dizendo nome e função. Certificam-se de que estão diante do paciente certo e de que farão a operação certa (inclusive no lado correto do corpo). Também conferem se os antibióticos foram ministrados no momento adequado. Asseguram-se de que os exames de imagem indispensáveis à operação já estão nos mostradores, para serem consultados a qualquer momento. E, para garantir que todos tenham a oportunidade de se manifestar como participantes da equipe, os membros discutem entre si os aspectos críticos do caso: o cirurgião explica os fundamentos e a duração da cirurgia, a perda de sangue estimada para a qual a equipe deve estar preparada e qualquer outra coisa de que todos devam estar cientes; os profissionais de anestesia expõem seus planos e preocupações; e o pessoal de enfermagem fala sobre a disponibilidade de equipamentos e as condições de assepsia e de esterilização, bem como quaisquer outras preocupações com as condições do paciente.

Finalmente, ao término da operação, antes da retirada do paciente da sala de cirurgia, há mais cinco verificações. O enfermeiro-chefe confirma verbalmente a denominação formal a ser registrada do procedimento cirúrgico completo, a etiquetagem de qualquer amostra de tecido para exame patológico, se todas as agulhas, esponjas e instrumentos foram retirados do paciente e se quaisquer problemas com equipamentos precisam ser notificados antes da próxima cirurgia. Outro membro da equipe também revê em voz alta os planos e as preocupações referentes à recuperação do paciente após a cirurgia, para garantir que as instruções estejam completas e tenham sido transmitidas com clareza.

É claro que as cirurgias requerem muito mais que apenas 19 verificações. Porém, como os construtores, tentamos cobrir desde o simples até o complexo, mas apenas o essencial, com a especificação detalhada de várias averiguações para garantir que tarefas elementares porém indispensáveis não sejam esquecidas (antibióticos, alergias, paciente certo), além de algumas checagens de comunicação para assegurar que as pessoas atuem como uma equipe, criando melhores condições para a identificação de muitas outras armadilhas e sutilezas potenciais. Pelo menos era esse nosso objetivo. Porém, a grande questão era: será que ela seria eficaz e faria uma diferença mensurável na redução dos danos aos pacientes?

✓

Para descobrir a resposta, decidimos estudar os efeitos do checklist de cirurgia segura no tratamento de pacientes em oito hospitais, cada um num lugar diferente do mundo. A amostra era grande o bastante para fornecer resultados significativos e pequena o suficiente para ser gerenciada por minha equipe de pesquisa, nos limites da verba modesta que me fora concedida pela OMS. Recebemos dezenas de propostas de hospitais dispostos a participar do trabalho, mas definimos alguns critérios de seleção. Os líderes de cada hospital tinham que falar inglês – poderíamos traduzir o checklist para os membros da equipe, mas não tínhamos recursos para comunicações diárias com os líderes de oito hospitais diferentes em várias línguas. A localização precisava ser segura para viagens. Recebemos, por exemplo, a entusiástica demonstração de interesse de um hospital iraquiano cuja participação teria sido muito útil, mas conduzir um experimento de pesquisa em zona conflagrada parecia imprudente.

Eu também queria que houvesse diversidade entre os hospitais participantes, que deveriam ser de países ricos, pobres e intermediários. Essa insistência provocou consternação na sede da OMS. Conforme me explicaram alguns funcionários, a mais importante prioridade da instituição é, com muita legitimidade, ajudar as áreas mais pobres do mundo, e os altos custos da coleta de dados nos países mais ricos consumiria recursos que poderiam ser destinados a outras finalidades. Porém, eu já assistira a cirurgias em lugares tão diversos quanto a Índia rural e Harvard, e observara erros e omissões em praticamente todos. Eu achava que o checklist faria diferença em qualquer lugar. E, se funcionasse em países de alta renda, o sucesso poderia convencer os responsáveis por unidades mais pobres a também adotar a prática. Assim, concordamos em incluir unidades mais ricas desde que elas se dispusessem a contribuir com pelo menos parte dos custos.

Por fim, os hospitais deveriam se dispor a permitir que observadores quantificassem suas atuais taxas de complicações, mortes e falhas sistêmicas nos atendimentos cirúrgicos, antes e depois da adoção do checklist. Conceder essa permissão não era fácil para os hospitais. A maioria – mesmo os que se situavam em contextos de alta renda – não tem ideia das taxas atuais de incidência desses problemas. A observação minuciosa poderia provocar embaraços. Mesmo assim, conseguimos oito hospitais de diversas regiões do mundo que preenchiam esses requisitos e se mostraram dispostos a participar do experimento.

Quatro hospitais ficavam em países de alta renda e se incluíam entre os principais do mundo: o Centro Médico da Universidade de Washington, em Seattle; o Hospital Geral de Toronto, no Canadá; o St. Mary's Hospital, em Londres; e o Hospital da Cidade de Auckland, na Nova Zelândia. Quatro ficavam em países de baixa e média renda e se caracterizavam por altas taxas de atendimento e de ocupação: o Hospital Geral das Filipinas, em Manila – duas vezes maior que hospitais mais ricos participantes do experimento; o Hospital Príncipe Hamza, em Amã, Jordânia – instituição pública recém-criada destinada a acomodar a crescente população de refugiados do país; o St. Stephen's Hospital, em Nova Délhi – instituição filantrópica urbana; e o St. Francis Designated District Hospital, em Ifakara, Tanzânia – o único que atende a uma população rural de quase 1 milhão de pessoas.

Era uma amostra de hospitais bastante inusitada. Os gastos anuais com assistência médica nos países de alta renda chegam a milhares de dólares por pessoa, ao passo que na Índia, nas Filipinas e no leste da África a verba per capita não vai além de dois dígitos. Por exemplo, a verba anual do Centro Médico da Universidade de Washington – mais de 1 bilhão de dólares – era mais que o dobro da verba da saúde na Tanzânia. As condições em que se executavam as cirurgias nos oito países eram substancialmente diferentes. Numa ponta estavam aqueles com recursos avançados que lhes permitiam fazer qualquer coisa, desde prostatectomias por meio de robôs até complexas cirurgias de transplante de rim, passando por procedimentos cirúrgicos elementares, de baixo risco, sem necessidade de internação por mais de um dia, como reparos de hérnias, biópsia de mama e colocação de tubos no ouvido para a drenagem de infecções auriculares crônicas em crianças. Na outra ponta havia os hospitais que, por falta de pessoal e de recursos, eram obrigados a priorizar operações urgentes – cesáreas de emergência, por exemplo, ou reparação de lesões traumáticas graves. Mesmo quando os hospitais realizavam as mesmas operações – apendectomia, mastectomia, colocação de pino em fêmur fraturado –, as condições eram tão díspares que os procedimentos eram os mesmos apenas no nome. Nos hospitais mais pobres, os equipamentos eram escassos, o treinamento das equipes era mais limitado e os pacientes, em geral, chegavam em estado mais grave – apêndice supurado, câncer de mama com o dobro do tamanho, fêmur não apenas fraturado, mas também infectado.

Apesar de tudo, prosseguimos com nossas oito instituições. O objetivo, afinal, não era comparar os hospitais entre si, mas, sim, determinar onde, se isso fosse possível em algum lugar, o checklist seria capaz de melhorar o atendimento médico. Contratamos coordenadores de pesquisa locais para os hospitais e os treinamos na coleta de informações exatas sobre mortes e complicações. E fomos conservadores em nossas contagens. As complicações deveriam ser significativas – pneumonia, ataque cardíaco, hemorragia que exigisse retorno à sala de cirurgia ou que acarretasse perda superior a quatro unidades de sangue, infecção documentada de lesão e outras situações semelhantes. E a ocorrência deveria ter sido testemunhada no hospital, em vez de apenas relatada por alguém de fora.

Coletamos dados sobre o atendimento cirúrgico em até quatro salas de cirurgia em cada hospital, durante cerca de três meses, antes da adoção do checklist. Era uma espécie de biópsia da assistência médica recebida pelos pacientes em toda aquela gama de hospitais do mundo. E os resultados foram preocupantes.

Dos quase 4 mil pacientes adultos de cirurgias que acompanhamos, mais de 400 desenvolveram graves complicações resultantes da intervenção. Cinquenta e seis morreram. Quase metade das complicações envolvia infecções e um quarto se relacionava a falhas técnicas que demandaram retorno à sala de cirurgia para estancar hemorragias ou resolver algum problema. A incidência total de complicações variou de 6% a 21%. É importante observar que as salas de cirurgia de nosso estudo concentravam os procedimentos mais complexos do hospital. As operações mais simples apresentam taxas de danos mais baixas. Mesmo assim, o padrão confirmou nossa hipótese: as cirurgias são arriscadas e perigosas, onde quer que sejam realizadas.

Também descobrimos, como esperávamos, indícios de oportunidades de melhorias substanciais em todos os hospitais. Por exemplo, nenhum dos hospitais dispunha de um método sistemático e rotineiro para garantir que as equipes cirúrgicas identificassem e se preparassem para casos com alto risco de hemorragia ou conduzissem qualquer espécie de breve reunião pré-operatória sobre as condições do paciente e os aspectos críticos da intervenção. Monitoramos a execução de seis tarefas específicas referentes a segurança: a administração pontual de antibióticos; o uso de oxímetro de pulso; a realização de avaliação formal dos riscos de colocação de tubos respiratórios; a confirmação verbal da identidade do paciente e do procedimento cirúrgico; a instalação adequada de cateteres intravenosos, no caso de pacientes com hemorragias graves; o levantamento completo das esponjas no fim do procedimento. Essas são as verificações básicas, equivalentes, em cirurgia, ao destravamento dos controles dos profundores antes da decolagem do avião. No entanto, encontramos lacunas por toda parte. Os melhores omitiram pelo menos uma dessas tarefas essenciais em no mínimo 6% das vezes – 1 em cada 16 pacientes. E, em média, os hospitais esqueceram uma delas em nada menos que dois terços dos pacientes, tanto em países ricos quanto em países pobres. Essa é a realidade rotineira de como falhas e inconsistências ocorrem durante procedimentos cirúrgicos em hospitais de todo o mundo.

Então, ainda no primeiro semestre de 2008, os hospitais-piloto começaram a implementar nosso checklist de cirurgia segura com a duração de dois minutos, abrangendo 19 verificações. Não tínhamos a ilusão de achar que apenas deixar uma pilha de exemplares do checklist nas salas de cirurgia mudaria alguma coisa. Os líderes dos hospitais se comprometeram a introduzir o conceito de maneira sistemática. Fizeram apresentações não só para os cirurgiões, mas também para os anestesistas, enfermeiros e outros profissionais envolvidos. Fornecemos aos hospitais suas taxas de erros e omissões para que a equipe se conscientizasse do quadro que se pretendia melhorar. Mandamos para eles alguns slides e dois vídeos, um mostrando "Como usar o checklist de cirurgia segura" e outro – um pouco mais divertido – intitulado "Como não usar o checklist de cirurgia segura", mostrando como era fácil estragar tudo.[4]

Também pedimos aos líderes dos hospitais que introduzissem o checklist, de início, em apenas uma sala de cirurgia, de preferência em procedimentos executados pelo cirurgião-chefe com o apoio de um anestesista sênior e do pessoal de enfermagem. Certamente haveria problemas a serem eliminados. Cada hospital deveria ajustar a ordem e a redação das verificações às próprias práticas e à terminologia usada. Vários estavam com traduções. Alguns já haviam indicado que pretendiam introduzir outras verificações. Em alguns hospitais, o checklist também deflagraria mudanças sistêmicas – por exemplo, o aumento dos estoques de antibióticos nas salas de cirurgia. Precisávamos que os primeiros grupos a usarem o checklist tivessem experiência e paciência para fazer as modificações necessárias para que a iniciativa não fosse simplesmente descartada.

O uso do checklist também envolvia grandes mudanças culturais – transformações nos conceitos de autoridade e responsabilidade, assim como nas expectativas em relação à assistência médica – e os hospitais precisavam reconhecer essa realidade. Apostávamos que os funcionários estariam muito mais predispostos a adotar o checklist se vissem seus líderes aceitando-o e aplicando-o desde o começo.

✓

Minha equipe e eu pusemos o pé na estrada, dividindo-nos para visitar os hospitais-piloto à medida que o programa ganhava força. Nunca assisti a tantas cirurgias em tantos contextos diferentes. Os contrastes eram ainda mais acentuados do que eu previra e a abrangência e a variedade de problemas, infinitamente mais amplos.

Na Tanzânia, o hospital se situava a quase 350 quilômetros de Dar es Salaam e era acessível por uma estrada de terra que, em alguns trechos, só dava passagem para um veículo. As enchentes da estação chuvosa impediam o abastecimento de suprimentos – como medicamentos e gases anestésicos –, não raro durante semanas seguidas. Havia centenas de pacientes para serem operados, mas apenas cinco cirurgiões e quatro profissionais de anestesia. Nenhum dos anestesistas era graduado em medicina. Eram os familiares dos pacientes que abasteciam boa parte do banco de sangue. E, quando isso não era possível, os funcionários arregaçavam as mangas. Eles também poupavam anestésicos administrando, sempre que possível, anestesia peridural. E assim executavam cirurgias que eu nunca imaginara possíveis com essa forma de anestesia. Além disso, guardavam e esterilizavam de novo as luvas cirúrgicas, usando-as repetidas vezes, até aparecerem os primeiros buracos. E ainda confeccionavam a própria gaze cirúrgica. Enfermeiros e anestesistas se sentavam em torno de uma velha mesa de madeira, todas as tardes depois do chá, retalhando grandes bobinas de tecido de algodão branco para produzir os panos que seriam usados nas cirurgias do dia seguinte.

Em Délhi, o hospital filantrópico não era tão ruim quanto o da Tanzânia ou os que eu visitara na Índia rural. Havia mais suprimentos. Os profissionais eram mais bem treinados. Porém, o volume de pacientes que deviam atender nessa cidade de 13 milhões de habitantes era inacreditável. Por exemplo, o hospital tinha sete anestesistas plenamente qualificados, mas eles precisavam executar 20 mil operações por ano. Para dar uma ideia de como essa proporção é absurda, basta considerar que nosso hospital-piloto na Nova Zelândia empregava 92 anestesistas para realizar um número semelhante de cirurgias. No entanto, apesar de toda a falta de equipamentos, das falhas de eletricidade, das listas de espera e das jornadas de trabalho de 14 horas, percebi ali menos infelicidade e ouvi menos queixas das equipes de cirurgia que em muitos hospitais dos Estados Unidos.

As diferenças tampouco se resumiam a ambientes ricos e pobres. Cada hospital tinha suas peculiaridades. O St. Mary's Hospital, em Londres, por exemplo, é um complexo de edifícios de tijolo vermelho e pedra branca, com mais de um século e meio, que ocupa todo um quarteirão em Paddigton. Alexander Fleming descobriu a penicilina ali, em 1928. Mais recentemente, sob a gestão de lorde Darzi of Denham, chefe do setor de cirurgia, o hospital se tornou o pioneiro internacional no desenvolvimento de cirurgias minimamente invasivas e de simulação de cirurgias. O St. Mary's é moderno, bem equipado e se destaca como a escolha certa dos poderosos e abastados de Londres – o príncipe William e o príncipe Charles nasceram lá. Mas o hospital está longe de ser um reduto elegante e sofisticado, privilégio de poucos afortunados. Ainda é um hospital público do Serviço Nacional de Saúde, que atende de graça a qualquer cidadão inglês, sem distinção de classe.

Ao percorrer as 16 salas de cirurgia do St. Mary's, constatei que elas são muito parecidas com aquelas em que trabalho em Boston, em termos de tecnologia e modernidade. Porém, os procedimentos cirúrgicos pareciam diferentes em todas as fases do processo. Os pacientes eram anestesiados antes de serem levados para o centro cirúrgico, o que significava que a primeira parte do checklist teria que ser modificada. O pessoal de anestesia e os enfermeiros-chefes não usavam máscaras, o que, para mim, parecia um sacrilégio, embora eu deva reconhecer que a necessidade de máscara não está comprovada para membros da equipe que não trabalham perto da incisão do paciente. Quase todo o jargão cirúrgico soava estranho aos meus ouvidos.

Na Jordânia, o ambiente de trabalho também era estranho, mas de maneira diferente. As salas de cirurgia em Amã são desguarnecidas e pouco refinadas – trata-se de um país em desenvolvimento, e os equipamentos são antigos e muito usados –, mas eles tinham quase tudo que estou acostumado a ter como cirurgião e o nível de atendimento parecia muito bom. Um dos cirurgiões que conheci era iraquiano. Ele se formara e praticara a profissão em Bagdá até que o caos subsequente à invasão americana de 2003 o obrigou a fugir com a família, abandonando a casa, as economias e o trabalho. Antes de Saddam Hussein arruinar o sistema médico do país, Bagdá oferecia uma das melhores assistências médicas do Oriente Médio. Porém, de acordo com o cirurgião, agora a Jordânia parecia preparada para assumir essa posição e ele se sentia feliz de estar lá. Eu soube que mais de 200 mil estrangeiros viajam todos os anos para o país em busca de atendimento médico, gerando uma receita de nada menos que US$ 1 bilhão para o país.

No entanto, algo que não consegui compreender é como se negocia nas salas de cirurgia a rigorosa divisão de gêneros que impera na Jordânia. Lembro-me de quando me sentei na área externa de um restaurante, no dia de minha chegada, observando os transeuntes. Homens e mulheres quase sempre estavam separados. A maioria das mulheres cobria os cabelos.

Nas salas de cirurgia, todos os cirurgiões eram homens. Boa parte do pessoal de enfermagem era composta de mulheres. Os profissionais de anestesia se dividiam mais ou menos igualmente entre os gêneros. Considerando a rigidez hierárquica, fiquei pensando se o tipo de trabalho em equipe previsto no checklist seria possível naquelas condições. As mulheres usavam lenços na cabeça, inclusive nas salas de cirurgia. A maioria evitava contato visual com os homens. No entanto, aos poucos, descobri que nem tudo era o que parecia. Os profissionais não hesitavam em descartar as formalidades, quando necessário. Assisti a uma operação de vesícula biliar em que o cirurgião, sem querer, contaminou as luvas ao ajustar as luzes sobre a mesa. Ele não havia percebido, mas a enfermeira, sim.

– Você precisa trocar as luvas – disse-lhe a enfermeira, em árabe. (Alguém traduziu para mim.)

– Está tudo bem – respondeu o cirurgião.

– Não, não está – insistiu a enfermeira. – Não seja idiota.

E o fez trocar as luvas.

Apesar de todas as diferenças entre os oito hospitais, fiquei surpreso com a rapidez com que nos sentimos em casa nas salas de cirurgia, não importa onde se localizem. Quando se inicia o processo, uma cirurgia continua sendo uma cirurgia. Sempre há um ser humano sobre a mesa, com suas esperanças, seus medos e seu corpo aberto, confiando que a equipe cirúrgica dará tudo de si e fará o melhor possível. E sempre há um grupo de pessoas se esforçando para trabalharem juntas, de maneira integrada, com habilidade e dedicação suficientes para justificar a confiança do paciente.

Algumas vezes a introdução do checklist se mostrou difícil. Enfrentamos nosso quinhão de problemas logísticos. Em Manila, por exemplo, havia apenas um enfermeiro para cada quatro operações, pois os enfermeiros de cirurgia mais bem qualificados continuavam sendo atraídos por hospitais americanos e canadenses. Os estudantes de medicina que preenchiam as vagas em geral eram tímidos demais para iniciar os checklists, razão por que tivemos que convencer o pessoal de anestesia a assumir a função. Na Inglaterra, a equipe local teve dificuldade em definir as mudanças necessárias para acomodar suas práticas de anestesia específicas.

Também havia uma curva de aprendizado. Por mais objetivos e simples que pareçam os checklists, quando não se está acostumado a trabalhar com eles, nem sempre é fácil incorporá-los à rotina. Às vezes, as equipes se esqueciam de verificar parte do checklist, em especial após a conclusão da cirurgia e antes da retirada do paciente da sala. Outras vezes, considerava-se sua adoção muito complicada, mas não porque o processo fosse complicado. A dificuldade parecia ser mais social. As pessoas tinham problema em encontrar as palavras certas – por exemplo, não era fácil para uma enfermeira dizer, se o antibiótico não tivesse sido dado, que todos precisavam interromper os procedimentos e administrar o medicamento nas condições prescritas antes de prosseguir. Cada pessoa tem seu próprio estilo na sala de cirurgia, sobretudo os cirurgiões. Alguns são quietos; outros, mal-humorados; e há também os mais falantes. Mas poucos sabem como ajustar imediatamente seu estilo pessoal à interação com todos os envolvidos para uma revisão sistemática dos planos e dos possíveis questionamentos.

As apresentações, com indicação de nomes e funções, no começo da cirurgia, se revelaram uma das propostas mais questionadas. De Délhi a Seattle, os enfermeiros pareceram muito gratos pela sugestão, mas muitos cirurgiões se mostraram insatisfeitos. Ainda assim, a maioria cumpriu a recomendação.

A maioria, mas nem todos. Fomos expulsos de salas de cirurgia em todo o mundo. "O checklist é perda de tempo", disseram-nos. Em alguns hospitais, os líderes quiseram obrigar os rabugentos a usar o checklist, mas desencorajamos essa atitude. Forçar os poucos relutantes obstinados a usar o checklist poderia provocar uma reação que contaminaria os outros participantes. Pedimos aos líderes que apresentassem o checklist simplesmente como uma ferramenta a ser experimentada pelos profissionais na expectativa de melhorar seus resultados. Afinal, era possível que os descontentes estivessem certos e que o checklist se revelasse apenas outra tentativa bem-intencionada sem nenhum efeito significativo.

Apesar dos focos de resistência, o checklist de cirurgia segura já havia avançado bastante depois de um mês em todas as localidades, com as equipes empregando-o regularmente em todas as salas de cirurgia de nosso estudo. Continuamos a monitorar os resultados dos pacientes e voltei para casa, à espera dos resultados.

✓

Eu estava nervoso com o projeto. Pretendíamos analisar os resultados apenas durante um curto período de tempo, cerca de três meses em cada hospital-piloto após a implementação do checklist. Assim, quaisquer mudanças que observássemos provavelmente teriam sido consequência do checklist, não de tendências de longo prazo em curso na saúde pública ou na assistência médica. Porém, eu duvidava que algo pudesse mudar de fato em tão pouco tempo. As equipes, sem dúvida, ainda estavam em processo de adaptação. Talvez não tivéssemos dado a elas tempo suficiente para aprender. Também receava que nossa intervenção tivesse sido muito limitada. Não fornecemos novos equipamentos, nem pessoal, nem recursos clínicos para os hospitais. Os lugares pobres ainda eram pobres e ficamos pensando se a melhoria dos resultados seria realmente possível sem alterações mais radicais. Tudo o que fizéramos foi lhes dar uma folha de papel com uma lista de 19 itens e mostrar como usá-la. Trabalhamos duro para torná-la breve e simples, mas talvez a tivéssemos deixado muito sucinta e muito elementar – sem detalhes suficientes.

No entanto, começamos a tomar conhecimento de algumas histórias encorajadoras. Em Londres, durante uma cirurgia de prótese do joelho, feita por um cirurgião ortopedista que se mostrara um de nossos críticos mais intransigentes, o checklist levou a equipe a reconhecer, antes da incisão e do ponto sem retorno, que a prótese pronta para ser usada era do tamanho errado – a do tamanho certo estava em falta no hospital. O cirurgião se converteu em apóstolo convicto do checklist.

Na Índia, segundo fomos informados, o checklist convenceu o departamento de cirurgia a reconhecer uma falha elementar em seus procedimentos pré-operatórios. A prática rotineira era injetar o antibiótico pré-cirúrgico nos pacientes na sala de espera do centro cirúrgico, antes de transportá-los para a sala de cirurgia. Porém, o checklist levou os médicos a se darem conta de que os atrasos frequentes na programação das operações resultavam em perda de efeito do medicamento horas antes da incisão. Em consequência, o pessoal de apoio do hospital mudou sua rotina e passou a dar o antibiótico apenas quando o paciente já estivesse na sala de cirurgia.

Em Seattle, uma amiga que fazia parte da equipe de cirurgia do Centro Médico da Universidade de Washington falou comigo sobre a facilidade com que o checklist se ajustara à rotina das salas de cirurgia. "Mas o checklist está ajudando vocês a detectar erros?", perguntei.

"Sem dúvida", respondeu ela. "Estamos identificando problemas referentes a antibióticos, equipamentos e aspectos médicos negligenciados." Porém, mais do que isso, ela achava que o checklist ajudara o pessoal a responder melhor quando ocorriam problemas – como hemorragias ou falhas técnicas durante a operação. "Simplesmente trabalhamos melhor como equipe", disse ela.

Essas histórias me deram esperança.

✓

Em outubro de 2008 chegaram os resultados. Eu tinha dois colegas de pesquisa, ambos residentes de cirurgia geral, trabalhando comigo no projeto. Alex Haynes ficara afastado do treinamento cirúrgico durante mais de um ano para dirigir o estudo dos oito hospitais e compilar os dados. Tom Weiser passara dois anos gerenciando o desenvolvimento do programa de checklist da OMS e estava incumbido da segunda verificação dos números. Um cirurgião cardíaco aposentado chamado William Berry era responsável pela terceira checagem de tudo o que eles faziam. No fim de uma tarde, todos eles apareceram na minha sala querendo conversar comigo.

"Você precisa ver isso", disse Alex.

Ele colocou uma pilha de folhas com números à minha frente e me orientou ao longo das tabelas. Os resultados finais demonstravam que a taxa de grandes complicações em pacientes de cirurgia em todos os oito hospitais havia diminuído 36% depois da adoção do checklist. As mortes foram reduzidas em 47%. Os resultados ultrapassaram de longe nossas expectativas mais otimistas e todos os números eram altamente significativos sob o ponto de vista estatístico. A incidência de infecções caiu quase à metade. O número de pacientes que precisaram voltar à sala de cirurgia depois da operação original em consequência de hemorragia e outras questões técnicas diminuiu 25%. No total, nesse grupo de quase 4 mil pacientes, 435 provavelmente teriam desenvolvido graves complicações com base em nossas primeiras observações. Porém, na realidade, apenas 277 tiveram problemas. O uso do checklist havia evitado consequências danosas para mais de 150 pessoas – e possivelmente letais para 27 delas.

Em vez de eufórico, fiquei muito nervoso. Comecei a vasculhar a pilha de dados em busca de erros, à procura de problemas, tentando encontrar algo que comprometesse os resultados.

Talvez as melhorias não se devessem ao checklist. Talvez as equipes tivessem atendido a menos casos de emergência ou realizado menos cirurgias arriscadas na segunda metade do estudo, razão por que os resultados pareceram melhores. Alex repassou os números mais uma vez. Nada comprovava essa hipótese. Na verdade, ocorreram mais casos de emergência no período do checklist. E a composição do conjunto de cirurgias – obstétricas, torácicas, ortopédicas e abdominais – se manteve inalterada.

Talvez se tratasse apenas de um efeito do tipo Hawthorne, ou seja, uma consequência observada quando as pessoas sabem que estão sendo estudadas, e não uma prova da eficácia do checklist. Afinal, em cerca de 20% das operações, um pesquisador estava presente na sala de cirurgia, coletando informações. Quem sabe a presença do pesquisador tivesse sido o fator responsável pela melhora do desempenho. Entretanto, a equipe de pesquisa me informou que observadores estavam presentes nas salas de cirurgia desde o início do projeto e que os resultados só deram um salto após a adoção do checklist. Além disso, os registros referentes a cada cirurgia sempre apontavam a presença ou a ausência de um observador do projeto na sala de operações. E, quando Alex analisou outra vez os dados, os resultados não se mostraram diferentes – as melhorias foram igualmente impressionantes nas cirurgias observadas e não observadas.

Tudo bem, talvez o checklist houvesse feito diferença em *alguns* lugares, mas, quem sabe, somente nos lugares pobres. Não, essa hipótese tampouco foi comprovada. A taxa inicial de complicações de cirurgias era de fato mais baixa nos quatro hospitais de países de alta renda, mas a adoção do checklist produziu redução de um terço na incidência de grandes complicações também em pacientes desses hospitais – número muito significativo.

A equipe analisou comigo os resultados de cada um dos oito hospitais, um a um. Em todas as localidades, a adoção do checklist fora acompanhada de redução substancial nas complicações. Em sete dos oito, a queda percentual foi de dois dígitos.

Os resultados eram verdadeiros.

✓

O *The New England Journal of Medicine* publicou nosso estudo na edição de 29 de janeiro de 2009.[5] Mesmo antes, os dados começaram a vazar à medida que informávamos os resultados aos hospitais-piloto. Os hospitais do estado de Washington souberam das mudanças em Seattle e também começaram a adotar o checklist. Em pouco tempo, formaram uma coalizão com as seguradoras do estado, com a Boeing e com o governador para introduzir sistematicamente o checklist e monitorar os dados detalhados. Na Inglaterra, enquanto isso, lorde Darzi, chefe do departamento de cirurgia do Hospital St. Mary's, fora nomeado ministro da Saúde. Quando ele e o principal representante do país na OMS, Liam Donaldson (que logo no início incentivara o projeto do checklist), viram os resultados do estudo, lançaram uma campanha nacional para implementar o checklist em todo o país.

A reação dos cirurgiões foi bem variada. Mesmo que o uso do checklist não consumisse tanto tempo quanto muitos receavam – na verdade, em vários hospitais as equipes relataram que a nova prática lhes proporcionava agilidade –, alguns objetaram que o estudo não mostrava com clareza *como* o checklist produzia efeitos tão notáveis. A objeção era procedente. Em nossos oito hospitais constatamos melhorias na administração de antibióticos para reduzir infecções, no monitoramento de oxigênio durante as operações e na confirmação, antes da incisão, de que se tratava do paciente certo e do tratamento certo. No entanto, essas conquistas específicas não explicavam por que complicações não correlatas, como hemorragias, por exemplo, também se tornaram menos frequentes. Supomos que a explicação fosse a melhoria da comunicação entre os profissionais envolvidos. Pesquisas com membros da equipe escolhidos de forma aleatória ao saírem da sala de cirurgia, depois da adoção do checklist, efetivamente reportaram aumento significativo no nível de comunicação. Também se constatou uma correlação impressionante entre a avaliação do trabalho em equipe e os resultados para os pacientes – quanto melhor o trabalho em equipe, menor a incidência de complicações.

No entanto, a informação mais relevante talvez tenha sido simplesmente o que o pessoal dos hospitais nos relatou. Mais de

250 membros de equipes de cirurgia – cirurgiões, anestesistas, enfermeiros e outros – preencheram um questionário anônimo após três meses de uso do checklist. No começo, a maioria se mostrara cética. Porém, no fim, 80% deles responderam que o checklist era de fácil uso, não tomava muito tempo e melhorara a segurança do atendimento. E 78% constataram que o checklist havia evitado erros na sala de cirurgia.

Contudo, ainda persistia algum ceticismo. Afinal, 20% não consideravam fácil, achavam que tomava muito tempo e sentiam que sua adoção não havia melhorado a segurança do atendimento.

Então, fizemos mais uma pergunta: "Se você fosse passar por uma cirurgia, gostaria que o checklist fosse usado?"

Nada menos que 93% responderam afirmativamente.

8

O herói na era dos checklists

Estamos diante de uma oportunidade, não apenas em medicina, mas em praticamente qualquer empreendimento. Até os profissionais mais especializados e experientes podem melhorar seu desempenho e aumentar sua eficácia no trabalho identificando padrões de erros e omissões e adotando novas rotinas de verificação. Mas será que o faremos? Estamos dispostos a aderir a esse movimento?

Vejamos o caso do checklist de cirurgia segura. Se alguém descobrisse um novo medicamento capaz de reduzir as complicações em cirurgias, com resultados que se aproximassem, ainda que remotamente, da eficácia do checklist, logo surgiriam anúncios na televisão com celebridades exaltando as virtudes da descoberta. Representantes de laboratórios promoveriam almoços para convencer os médicos das virtudes do medicamento. Programas do governo explorariam os potenciais da nova droga. Os concorrentes se apressariam em desenvolver versões mais eficazes. Se o checklist fosse um equipamento médico, muitos cirurgiões iriam reivindicá-lo para suas salas de cirurgia, fariam fila diante de estandes em congressos para conhecê-lo e pressionariam a administração dos hospitais para adquirir mais unidades – porque, afinal de contas, será que aqueles burocratas não estão interessados em melhorar a qualidade dos serviços?

Foi o que aconteceu quando surgiram os primeiros robôs cirúrgicos – máquinas de US$ 1,7 milhão, operadas por controle remoto, que ajudam os médicos em laparoscopias com mais maneabilidade na cavidade abdominal e menos propensão a complicações. Os robôs aumentaram substancialmente os custos de cirurgia e até agora não melhoraram tanto assim os resultados em comparação com as práticas convencionais. No entanto, hospitais nos Estados Unidos e mundo afora gastaram bilhões de dólares com essas máquinas.

Enquanto isso, como ficou o checklist? Ele não foi ignorado. Desde a divulgação dos resultados do checklist de cirurgia segura da OMS, mais de 12 países – entre eles Austrália, Brasil, Canadá, Costa Rica, Equador, França, Irlanda, Jordânia, Nova Zelândia, Filipinas, Espanha e Reino Unido – se comprometeram publicamente a implementar versões dele em âmbito nacional. Alguns estão tomando a iniciativa de monitorar os resultados, o que é crucial para garantir que o checklist seja implementado com sucesso. Nos Estados Unidos, associações de hospitais em 20 estados se comprometeram a fazer o mesmo. No fim de 2009, cerca de 10% dos hospitais americanos já tinham adotado ou estavam adotando o checklist de cirurgia, enquanto em todo o mundo mais de 2 mil hospitais já o tinham feito.

Isso é encorajador. No entanto, nós, médicos, ainda estamos longe de realmente abraçar a ideia. O checklist entrou nas salas de cirurgia como algo estranho, imposto de cima para baixo. Seus patrocinadores são autoridades de saúde pública, administradores de hospitais ou especialistas em segurança hospitalar, encarados pelos cirurgiões mais ou menos como inimigos. Às vezes, é o chefe do departamento de cirurgia que o apresenta como grande novidade, situação em que os demais profissionais se queixam em silêncio em vez de se unir à cruzada. Mas, quase sempre, o checklist é considerado fator de aborrecimento, uma interferência em nossa seara. É meu paciente. É minha sala de cirurgia. A maneira como opero é problema meu e a responsabilidade é minha. Quem esse pessoal pensa que é para me dizer o que fazer?

Seja como for, se os cirurgiões acabarem usando o checklist, que importa se o adotarem de má vontade?

Não é bem assim. Apenas ticar itens não é o objetivo final aqui. O propósito é fomentar uma cultura de trabalho em equipe e de disciplina. E, se reconhecermos a oportunidade, o checklist de dois minutos da OMS é apenas o começo. Estamos falando de um dispositivo único e global, concebido para detectar uns poucos problemas comuns em todas as operações. Cabe a nós, cirurgiões, desenvolvê-lo e desdobrá-lo ainda mais. Poderíamos adotar, por exemplo, checklists especializados para próteses de quadril, operações de pâncreas e reparos de aneurisma da aorta, avaliando cada um dos principais procedimentos em busca dos erros e omissões mais comuns e evitáveis a serem incluídos em checklists que eliminem ou reduzam sua incidência. Poderíamos até desenvolver checklists de emergência, como na aviação, para situações não rotineiras – como a parada cardíaca descrita por meu amigo John, provocada pela overdose de potássio no pré-operatório, hipótese não considerada pelos médicos no esforço de ressuscitação.

Além disso, fora das salas de cirurgia, os médicos praticam com regularidade centenas, talvez milhares de procedimentos tão perigosos e sujeitos a erros quanto as cirurgias, como por exemplo o tratamento de emergência de ataques cardíacos, acidentes vasculares cerebrais (AVCs), overdose de drogas, pneumonia, falência dos rins, convulsões e outras crises urgentes. Considerem-se, também, as muitas situações que são apenas aparentemente mais simples e menos arriscadas – por exemplo, a avaliação de um paciente com enxaqueca, dor no peito, nódulo no pulmão, caroço no seio. Todas essas situações envolvem risco, incerteza e complexidade – e, portanto, tarefas que podem compor um checklist, para serem verificadas e testadas nos atendimentos de rotina. Os bons checklists podem se tornar tão importantes para médicos e enfermeiros quanto os estetoscópios (cuja eficácia no atendimento de pacientes, ao contrário do que acontece com os checklists, nunca foi comprovada). A pergunta difícil, ainda não respondida, é se a cultura médica possibilitará o aproveitamento da oportunidade.

O livro *Os eleitos*, de Tom Wolfe, conta a história de nossos primeiros astronautas e descreve a queda da cultura do piloto de provas como herói rebelde.[1] Era uma cultura definida pela incrível periculosidade do trabalho. Os pilotos de provas se enfiavam em máquinas de potência e complexidade ainda não avaliadas em sua totalidade, sujeitando-se a acidentes fatais que matavam um quarto deles. Esses heróis lendários se caracterizavam pela concentração, pela ousadia, pela inteligência e pela capacidade de improvisação. Porém, à medida que fomos acumulando conhecimentos sobre como controlar os riscos em aviação e à proporção que os checklists e os simuladores se tornavam mais sofisticados, o perigo diminuía, a importância da segurança e da conscientização se difundia e o status de estrelas do rock ostentado pelos pilotos de provas ficava para trás.

Algo semelhante está ocorrendo na medicina. Temos os meios para fazer alguns dos trabalhos mais complexos e perigosos da profissão médica – em cirurgias, atendimento de emergência, UTIs e outras áreas – com mais eficácia do que jamais imaginamos. Porém, as novas possibilidades vão contra a cultura tradicional baseada na crença de que nas situações de alto risco e grande complexidade o que se precisa é de audácia e competência. Checklist e padronização de procedimentos em cirurgias parecem coisas opostas e é isso que exaspera tanta gente.

No entanto, é ridículo supor que os checklists dispensarão a coragem, a inteligência e a improvisação. O trabalho em medicina é demasiadamente intricado e personalizado para possibilitar esse efeito. Os bons médicos não poderão dispensar a intuição e a audácia do especialista. No entanto, também devemos estar preparados para aceitar as virtudes da regulamentação.

✓

A mesma tendência é constatada bem além da medicina. A oportunidade é evidente em muitos campos – assim como a resistência. A área financeira é um exemplo. Conversei recentemente com Mohnish Pabrai, sócio da Pabrai Investment Funds, em Irvine, Califórnia. Ele é um dos três investidores com que me encontrei há pouco tempo que se basearam nos exemplos da aviação e da medicina para incluir checklists formais em suas atividades. Todos os três são grandes investidores. Pabrai gerencia um portfólio de US$ 500 milhões. Guy Spier é chefe da Aquamarine Capital Management, em Zurique, Suíça, fundo de investimento com US$ 70 milhões. O terceiro não quis ser identificado pelo nome nem revelar o volume de recursos sob sua gestão, mas tem um dos maiores portfólios do mundo, envolvendo bilhões de dólares. Os três se consideram "investidores em valor" – aqueles que compram ações subavaliadas de boas empresas e que, portanto, apresentam grande potencial de valorização. Não compram com base nas tendências do mercado nem sob a orientação de algum algoritmo calculado por computador. Pesquisam intensamente os fundamentos das empresas, procuram boas oportunidades de compra e investem no longo prazo. O propósito é comprar uma Coca-Cola antes que todos se deem conta de que se trata de uma Coca-Cola.

Pabrai descreveu o que isso significa. Nos últimos 15 anos, ele fez um ou dois novos investimentos por trimestre, por meio de um processo em que investiga em profundidade 10 ou mais empresas potenciais para cada compra efetuada. As ideias podem vir de qualquer lugar – uma propaganda, um artigo de jornal sobre a valorização dos imóveis no Brasil, um periódico sobre mineração que ele decide ler por alguma razão. Suas leituras são amplas e diversificadas. Ele está sempre de olhos abertos para o lampejo de um diamante em meio à lama.

Ele depara com centenas de possibilidades, mas descarta a maioria depois de um exame superficial. No entanto, toda semana identifica alguma que acelera seu pulso. Parece algo infalível. Ele mal consegue acreditar que ninguém tenha descoberto o filão. E começa a pensar que pode ganhar dezenas de milhões de dólares se jogar certo.

"E você se deixa dominar pela ganância", diz ele. Guy Spier denominou esse estado de espírito de *"cocaine brain"*, algo como "cérebro drogado". Os neurocientistas descobriram que a possibilidade de ganhar uma bolada estimula os mesmos circuitos de recompensa primitivos do cérebro que são ativados pela cocaína.[2] Segundo Pabrai, isso acontece quando investidores sérios como ele tentam se tornar sistemáticos, concentrando-se em análises imparciais, evitando tanto a exuberância irracional quanto o pânico. Para tanto, estudam demonstrações financeiras das empresas, examinam os antecedentes da equipe gerencial, analisam os concorrentes, consideram o futuro do mercado – na tentativa de estimar tanto a magnitude da oportunidade quanto a margem de segurança.

O santo padroeiro dos investidores em valor é Warren Buffett, um dos mais bem-sucedidos financistas da história e um dos homens mais ricos do mundo, mesmo após as perdas que sofreu durante o colapso financeiro de 2008. Pabrai estudou todos os negócios – bons ou ruins – feitos por Buffett e por sua empresa, a Berkshire Hathaway, e leu todos os livros já publicados sobre o homem e seus empreendimentos. Chegou a gastar US$ 650 mil num leilão beneficente para almoçar com Buffett.

"Warren adota um processo de 'checklist mental' ao pesquisar investimentos potenciais", contou Pabrai. E é o que ele faz desde o início de seu fundo de investimento. Pabrai é disciplinado. Não se apressa ao estudar uma empresa. O processo pode durar semanas. Teve muito lucro seguindo esse método – mas nem sempre. Também cometeu erros, alguns desastrosos.

E não foram erros apenas no sentido de que perdeu dinheiro nas apostas que fez ou não ganhou dinheiro nas oportunidades que rejeitou. Isso sempre acontece com qualquer investidor. Também foram erros no sentido de que calculou mal os riscos, de que falhou na análise. Por exemplo, olhando para trás, ele se deu conta de que, várias vezes, avaliou mal a situação de "alavancagem" de algumas empresas – quanto caixa haviam gerado, quanto caixa era decorrente de empréstimos e qual o risco para o seu grau de endividamento. A informação estava disponível nas demonstrações financeiras; ele apenas não a procurou nos lugares certos nem com a diligência necessária.

Pabrai acredita que, em grande parte, os erros aconteceram porque ele não foi capaz de controlar o "cérebro drogado". Pabrai é ex-engenheiro e tem 45 anos. Nasceu na Índia, onde abriu caminho no sistema educacional do país, caracterizado pela competitividade feroz. Nos Estados Unidos, conseguiu entrar na Clemson University, na Carolina do Sul, para estudar engenharia. Ao sair de lá, galgou a hierarquia de empresas de tecnologia em Chicago e na Califórnia. Antes de se dedicar a investimentos, construiu sua própria empresa de tecnologia da informação, empreendimento em que também alcançou sucesso. Esse histórico indica que ele sabe alguma coisa sobre ser calculista e evitar o engodo da gratificação instantânea. No entanto, por mais que tente ser objetivo sobre um investimento que lhe pareça vibrante, ele constatou que não raro seu cérebro trabalha contra ele, insistindo nos fatores que confirmavam seu palpite inicial e descartando os sinais negativos. É o que o cérebro faz.

"Você fica seduzido", salientou. "Começa a pegar atalhos."

Ou, durante um período de mercado em baixa, o oposto também ocorre. "Você se deixa dominar pelo medo", afirmou. Vê tanta gente ao seu redor perdendo as calças que superestima os perigos.

Pabrai também descobriu que cometia erros ao lidar com a complexidade. A boa decisão exige que sejam analisados tantos aspectos diferentes das empresas, de tantas maneiras diversas, que, mesmo sem o "cérebro drogado", ele não percebia padrões óbvios. Seus checklists mentais não eram bons o bastante. "Não sou Warren", disse. "Não tenho um QI de 300." Ele precisava de um método que fosse eficaz para alguém com QI normal. E, assim, bolou seu checklist impresso.

Ao que tudo indica, o checklist talvez fosse útil para o próprio Buffett. Pabrai observou que até Buffett cometia certos erros reiterados. "Foi quando me dei conta de que ele realmente não usava um checklist", disse Pabrai.

Assim, Pabrai preparou uma lista de erros mais ou menos comuns – cometidos por Buffett e por outros investidores, tal como por ele mesmo. Em pouco tempo, sua lista continha dezenas de equívocos diferentes. Então, para ajudá-lo a se proteger contra essas falhas, ele concebeu uma lista de verificações compatíveis com aquele padrão de erros – cerca de 70 ao todo. Uma, por exemplo, foi inspirada num erro da Berkshire Hathaway que ele estudara, envolvendo a compra pela empresa, no começo da década de 2000, da Cort Furniture, negócio de aluguel de móveis sediado na Virgínia. Nos 10 anos anteriores, a empresa registrara um aumento impressionante na receita e no lucro. Charles Munger, parceiro de investimentos de Buffett de longa data, acreditava que a Cort estava surfando numa onda de mudanças fundamentais na economia americana. O ambiente de negócios se tornava cada vez mais volátil e, portanto, as empresas precisavam se expandir e se encolher com mais rapidez. Em consequência, tornavam-se cada vez mais propensas a alugar em vez de comprar salas comerciais – e, observou Munger, também a alugar móveis. A Cort desfrutava de condições perfeitas para se beneficiar com a tendência. Depois dessa constatação, todos os aspectos da empresa foram avaliados – boas demonstrações financeiras, ótima administração e assim por diante. E Munger comprou. Mas a compra foi um erro. Ele não se deu conta de que o lucro dos três anos anteriores fora totalmente impulsionado pelo boom das empresas pontocom, no fim da década de 1990. A Cort estava alugando móveis para centenas de empresas novatas que, de repente, pararam de pagar suas contas e sumiram do mapa quando o surto de prosperidade chegou ao fim.

"Munger e Buffett avistaram a bolha das pontocom a quilômetros de distância", ressaltou Pabrai. "Eles viam tudo com muita clareza." Porém, não perceberam como a Cort dependia daquelas empresas recém-fundadas. Posteriormente, Munger qualificou aquela compra de "erro macroeconômico".

"A capacidade de geração de lucro da Cort basicamente despencou de 'substancial' para 'nada'", confessou ele aos acionistas.[3]

E assim Pabrai acrescentou à sua lista o seguinte ponto de verificação: "Ao analisar uma empresa, pare e pense se você averiguou se as receitas podem estar subestimadas ou superestimadas por surtos de prosperidade ou depressão."

Como ele, o investidor anônimo com quem conversei – vou chamá-lo de Cook – também fez um checklist. Mas este foi ainda mais metódico, enumerando os erros que, sabidamente, ocorrem em qualquer ponto do processo de investimento: durante a fase de pesquisa, durante a tomada de decisão, durante a execução da decisão e até depois da efetivação do investimento, quando se deve estar atento ao surgimento de problemas. Em seguida, desenvolveu checklists detalhados para evitar erros, inclusive com pontos de pausa definidos com clareza, durante os quais ele e a equipe de investimento repassavam todos os itens.

Ele tem, por exemplo, um "Checklist do Dia Três", que ele e a equipe reveem no fim do terceiro dia subsequente àquele em que se considerou pela primeira vez a hipótese do investimento. A essa altura, diz o checklist, eles devem confirmar que analisaram as principais demonstrações financeiras da empresa referentes aos últimos 10 anos, inclusive verificando itens específicos em cada uma delas e possíveis padrões ao longo do tempo.

"É fácil ocultar algo negativo em determinada demonstração financeira. Difícil é ocultar uma tendência negativa em várias demonstrações financeiras", explicou Cook.

Uma das checagens, por exemplo, exige que os membros da equipe confirmem que leram as notas explicativas no demonstrativo de fluxo de caixa. Outra pede que se certifiquem de terem analisado a declaração dos principais riscos gerenciais. Uma terceira recomenda que se assegurem de ter examinado a compatibilidade do fluxo de caixa e dos custos com o crescimento da receita.

"Isso é o básico do básico", ensinou. "Mas você ficaria espantado com a frequência com que as pessoas esquecem essas regras fundamentais." Basta ver a derrocada da Enron, lembrou. "Seria possível prever o desastre apenas com base na análise das demonstrações financeiras."

Ele também me falou sobre um investimento que lhe pareceu bastante promissor. O "cérebro drogado" estava a toda. Descobriu-se, porém, que os diretores da empresa, embora exaltassem para os investidores potenciais as maravilhas do negócio, haviam vendido discretamente todas as suas ações. A empresa estava na iminência de naufragar e os investidores que pulavam a bordo não tinham ideia do perigo. No entanto, Cook havia incluído uma verificação no "Checklist do Dia Três" determinando que a equipe analisasse os detalhes da divulgação obrigatória de informações sobre compra e venda de ações pela administração; e assim descobriu o segredo. De cada 50 investigações, 49 não acrescentam nada. "Até que surge algo."

O checklist não lhe diz o que fazer, explica ele. Não é uma fórmula. Mas o ajuda a se manter o mais informado possível em todos os passos do processo, garantindo que você disponha dos dados críticos indispensáveis no momento necessário, forçando-o a ser sistemático no processo decisório e induzindo-o a conversar com as pessoas que podem contribuir com informações relevantes. Ele estava convencido de que, com um bom checklist em mãos, ele e seus sócios poderiam tomar as melhores decisões. E, em consequência, também não tinha dúvida de que poderiam superar o mercado.

Perguntei-lhe se ele não estava se iludindo.

"Talvez", respondeu. Mas ele estabeleceu uma analogia com as cirurgias para facilitar minha compreensão. "Quando os cirurgiões se certificam de lavar as mãos e de conversar com todos na equipe" – ele já tinha visto o checklist da cirurgia – "eles melhoram os resultados sem aumentar as habilidades e os recursos. É o que fazemos quando usamos o checklist."

Cook não iria me passar resultados exatos – o fundo dele não divulga seus lucros para o grande público –, mas me assegurou de que já havia comprovado a eficácia do checklist. Ele implementara o processo de checklist no começo de 2008 e, no mínimo, parecia que tinha conseguido transpor o colapso econômico subsequente sem maiores catástrofes. Há quem afirme que seu fundo fora muito melhor que isso, superando os fundos similares. Até então, não se sabia com certeza a proporção de sucesso atribuível ao checklist – afinal, o checklist só era usado havia dois anos. No entanto, para Cook, não há dúvida de que, num período de enorme volatilidade, o checklist garantiu para a equipe pelo menos uma vantagem adicional e inesperada em relação aos concorrentes: eficiência.

Ao introduzir o checklist, ele temeu que a inovação desacelerasse o ritmo da equipe, aumentando o tempo e o trabalho necessários para a tomada de decisões sobre investimentos. E estava preparado para pagar o preço, pois os benefícios de cometer menos erros pareciam óbvios. E, de fato, o uso do checklist aumentou o tempo de trabalho prévio. Mas, para sua surpresa, ele constatou que, ao todo, a equipe conseguia analisar muito mais investimentos em menos tempo.

De acordo com Cook, antes do checklist eles levavam várias semanas e se reuniam muitas vezes para definir até que ponto deveriam considerar um investimento potencial – se seria melhor descartar a ideia ou prosseguir com uma análise mais profunda. O processo era aberto e arriscado, com o agravante de que, depois de um mês de análise, ele e a equipe tendiam a se comprometer com a empresa. No entanto, depois do checklist, eles descobriram que tinham condições de, consistentemente, definir no "Checklist do Dia Três" quais empresas mereciam análises mais profundas e quais deveriam ser descartadas. "O processo era mais completo, porém rápido", disse.

Pabrai e Spier, o investidor de Zurique, descobriram o mesmo fenômeno. Spier empregava um analista de investimento. "Agora não preciso mais dele", garantiu. Pabrai já trabalhava com um checklist havia um ano. Desde então, seu fundo crescera mais de 100%. Evidentemente, tamanha valorização não podia ser atribuída apenas ao checklist. No entanto, depois de adotá-lo, ele observou que podia avançar com muito mais rapidez e método nas decisões sobre investimentos. À medida que os mercados afundavam em 2008 e os investidores descartavam as ações em pânico, surgiam numerosas oportunidades de investimento. E, num único trimestre, ele foi capaz de analisar mais de uma centena de empresas, e incluiu as ações de 10 em seus portfólios. Sem o checklist, disse Pabrai, não conseguiria executar nem uma fração do trabalho analítico nem teria confiança suficiente para decidir com base em suas conclusões. Um ano depois, seus investimentos haviam subido mais de 160% em média. E, melhor ainda, ele não cometera erros.

O que me impressiona nas experiências desses investidores não é tanto a comprovação de que os checklists também podem ser eficazes em finanças, assim como em medicina. Surpreendente é a constatação de que, também nesse caso, a aceitação da ideia tende a ser lenta. No mundo financeiro, todos estão à procura de uma vantagem sobre os demais. Se alguém está se dando bem, outros investidores avançam como abutres na tentativa de descobrir o segredo. Quase todas as ideias para ganhar um pouco mais de dinheiro – investir em empresas de internet, comprar participações de hipotecas, enfim, qualquer coisa – são instantaneamente adotadas. Todas, exceto uma: checklists.

Perguntei a Cook se a experiência dele com checklists nos últimos dois anos vinha despertando algum interesse. "Nenhum", disse ele. Todo mundo demonstra muito interesse pelo que ele compra e por que compra, mas, no momento em que pronuncia a palavra *checklist*, os interessados vão embora. Mesmo em sua própria empresa, ele teve dificuldade em vender a ideia.

"Enfrentei uma resistência generalizada. Meu pessoal demorou meses para finalmente reconhecer o valor do checklist", afirmou. Até hoje, nem todos os sócios aceitaram o método e muitos não usam o checklist quando Cook não participa do processo.

"Acho espantoso que outros investidores nem mesmo se deem ao trabalho de tentar", admira-se. "Alguns perguntaram a respeito. Ninguém seguiu o exemplo."

A resistência talvez seja uma reação inevitável. Alguns anos atrás, Geoff Smart, psicólogo Ph.D., então na Claremont Graduate University, conduziu um processo de pesquisa revelador. Ele estudou 51 capitalistas de risco, pessoas ousadas que investem muitos milhões de dólares em empresas novatas de alto risco, pouco conhecidas e sem potencial comprovado. O trabalho deles é muito diferente do de gestores de recursos como Pabrai, Cook e Spier, que investem em empresas estabelecidas, com antecedentes conhecidos e demonstrações financeiras disponíveis para análise. Os capitalistas de risco apostam em empreendedores quase adolescentes cujas ideias revolucionárias muitas vezes não passam de esboços e rabiscos numa folha de papel ou de um protótipo desengonçado que mal funciona. Mas foi assim que o Google e a Apple começaram, e a grande esperança dos capitalistas de risco é encontrar novos prodígios.

Smart estudou como os capitalistas de risco tomavam sua decisão mais difícil: dar ou não dinheiro a um empreendedor desconhecido.[4] Será que tudo se resumiria em dizer se a ideia é boa? Só que descobrir uma ideia promissora é a parte fácil. O difícil é encontrar um empreendedor capaz de executar uma boa ideia. É preciso que seja alguém capaz de converter o sonho de uma ideia em realidade de mercado, trabalhar longas jornadas, construir uma equipe, lidar com pressões e retrocessos, gerenciar problemas técnicos e pessoais com eficácia e persistir no esforço durante anos a fio, sem se distrair nem surtar. Essas pessoas são raras e muito difíceis de encontrar.

Smart identificou entre os capitalistas de risco de seu estudo meia dúzia de maneiras diferentes de concluir se haviam encontrado esse tipo de empreendedor. Esses métodos eram, na verdade, estilos de pensamento. Smart chamou um dos tipos de investidor de "Crítico de Arte". Ele avaliava os empreendedores quase que de relance, assim como um crítico de arte é capaz de julgar de imediato a qualidade de uma pintura – intuitivamente e com base em longa experiência. Outro tipo de investidor, o "Esponja", levava mais tempo reunindo informações sobre seus alvos, absorvendo tudo o que podia em entrevistas, visitas locais, referências diversas e quaisquer outras fontes disponíveis.

Os "Promotores" interrogavam os empreendedores agressivamente, testando-os com questões desafiadoras sobre seus conhecimentos e sobre como lidariam com situações hipotéticas. Os "Cortejadores" se empenhavam mais em galantear os empreendedores do que em avaliá-los. Os "Exterminadores" consideravam todo esforço fadado ao fracasso e pulavam a fase de avaliação. Simplesmente compravam as melhores ideias na sua opinião, demitiam os empreendedores que constatavam ser incompetentes e contratavam substitutos.

Por fim, havia os investidores que Smart denominava "Comandantes de Avião". Eles adotavam uma abordagem metódica, baseada em checklists. Com base na análise dos erros e nas lições de outros empreendimentos semelhantes, incluíam verificações formais no processo de avaliação. Empenhavam-se em ser disciplinados e em não pular passos, mesmo quando encontravam alguém que "sabiam" intuitivamente ter grande potencial.

Em seguida, Smart acompanhou o sucesso dos investidores potenciais ao longo do tempo. Não houve dúvida quanto ao estilo mais eficaz: o do Comandante de Avião. Quem adotava o método do checklist tinha 10% de chance de precisar demitir a alta administração da empresa por incompetência ou de concluir que sua avaliação inicial do empreendimento fora inadequada. Os outros tinham pelo menos 50% de chance de se defrontarem com as mesmas situações.

As diferenças de desempenho também se manifestaram nos

resultados financeiros. Os Comandantes de Avião desfrutaram, em média, de um retorno sobre o investimento estudado de 80%, em comparação com 35% ou menos dos demais. Os que adotavam outros estilos não eram de modo algum fracassos – sem dúvida, a experiência vale alguma coisa. Mas os que adicionavam checklists à bagagem se mostraram muito mais bem-sucedidos.

A descoberta mais interessante foi que, apesar das desvantagens, os investidores, na maioria, eram Críticos de Arte ou Esponjas – pessoas que tomavam decisões baseadas na intuição em vez de analistas sistemáticos. Apenas um em cada oito capitalistas de risco adotava o método do Comandante de Avião. Talvez alguém pudesse argumentar que os outros não conheciam essa abordagem. Porém, mesmo que conhecessem, provavelmente não mudariam seus métodos. Smart publicou suas descobertas mais de uma década atrás e, depois, explicou--as mais uma vez no livro intitulado *Quem?*, que se tornou um sucesso de vendas.[5] Apesar disso, quando lhe perguntei se a proporção de grandes investidores que adotava o método mais sistemático, baseado em checklists, tinha aumentado muito, a resposta foi: "Não. É a mesma."

Não gostamos de checklists. Eles podem ser uma chatice. Porém, não se trata de uma simples questão de preguiça. Há algo mais profundo, mais visceral, quando as pessoas relutam em adotar checklists, não só para salvar vidas, mas também para ganhar dinheiro. Por algum motivo, talvez nos pareça simplório demais usar checklists; algo muito embaraçoso, que vai de encontro a crenças arraigadas de como indivíduos realmente brilhantes – aqueles que queremos imitar – lidam com situações de alta complexidade e alto risco. As pessoas fora de série são ousadas e impetuosas. Elas jamais seguem checklists ou protocolos.

Talvez nossas ideias sobre heroísmo devam ser reformuladas.

✓

Em 14 de janeiro de 2009, foi divulgado o checklist de cirurgia segura da OMS. Por acaso, exatamente no dia seguinte, o voo 1549 da US Airways decolou do aeroporto La Guardia, em Nova York, com 155 pessoas a bordo, atingiu um bando de gansos sobre Manhattan, perdeu ambos os motores e acabou fazendo seu famoso pouso forçado nas águas geladas do rio Hudson. O fato de nenhuma vida ter sido perdida levou a imprensa a se referir ao acidente como "Milagre no Hudson". Um funcionário do Conselho Nacional de Segurança dos Transportes declarou que o voo "deve ser lembrado como o mais bem-sucedido pouso de emergência em água de toda a história da aviação".[6] O comandante, Chesley B. "Sully" Sullenberger III, ex-piloto da Força Aérea, com 20 mil horas de voo, foi enaltecido em todo o mundo.

A ABC News o chamou de "Herói do Rio Hudson". O presidente George W. Bush telefonou para Sullenberger e agradeceu-lhe pessoalmente, e o presidente eleito Barack Obama convidou-o com a família para assistir à sua posse cinco dias depois. Fotógrafos pisotearam o gramado de sua casa, em Danville, Califórnia, na tentativa de fotografar a esposa dele e os filhos adolescentes. Sullenberger foi recebido com um desfile na cidade e fechou um contrato de US$ 3 milhões para escrever um livro.

Porém, à medida que eram divulgados os detalhes sobre os procedimentos e os checklists usados durante o pouso de emergência, os sistemas computadorizados que ajudaram a controlar a descida até a água, o copiloto que dividia as tarefas de pilotagem, a tripulação que garantiu a evacuação da aeronave com surpreendente rapidez, nós, o público, começamos a ter dúvidas a respeito de quem foi o herói. O próprio Sullenberger fez questão de salientar, repetidas vezes, desde sua primeira entrevista: "Quero corrigir imediatamente uma percepção errada. O trabalho foi de toda a tripulação."[7]

O desfecho, como enfatizou ele, foi consequência do trabalho em equipe e da observância de procedimentos, tanto quanto de qualquer habilidade individual que ele talvez tivesse demonstrado.

Ah, isso é apenas modéstia de um herói discreto, tendemos a concluir. No mês seguinte, quando toda a tripulação de cinco pessoas – não só Sullenberger – recebeu as chaves da cidade de Nova York, deu entrevistas para todas as emissoras de televisão e foi aplaudida de pé por 70 mil pessoas durante o Super Bowl, em Tampa Bay, percebia-se que a imprensa já havia definido as regras do jogo. Ninguém queria falar sobre trabalho em equipe nem sobre observância de procedimentos. Era muito melhor falar de como Sully usou sua experiência com planadores como cadete da Força Aérea para conseguir aquele prodígio.

"Isso foi há muito tempo", insistiu Sullenberger. "E aqueles planadores são muito diferentes dos modernos jatos comerciais. Acho que a transferência de experiência não foi grande."[8]

Era como se simplesmente não pudéssemos processar a realidade completa do que foi necessário para salvar todas as pessoas a bordo daquele avião.

✓

A aeronave era um Airbus A320 com duas turbinas a jato. A decolagem foi às 15h25, numa tarde fria mas clara, com destino a Charlotte, Carolina do Norte, com o copiloto Jeffrey Skiles nos controles, no assento direito, e Sullenberger, como comandante, no assento esquerdo. O primeiro detalhe a ser observado é que os dois nunca tinham voado juntos. Ambos eram extremamente experientes. Skiles tinha quase tantas horas de voo quanto Sullenberger e havia sido comandante de aeronaves Boeing 737 até que o enxugamento da empresa o empurrou para o posto de copiloto e ele precisou fazer treinamento para pilotar um A320.

Tanta experiência pode parecer algo positivo, mas nem sempre é o caso. Imagine que dois advogados muito gabaritados sejam contratados por um cliente comum para defender um caso complexo e se conheçam apenas na primeira sessão de julgamento. Ou suponha que dois dos melhores técnicos de basquete sejam chamados para comandar um mesmo time e se vejam pela primeira vez na final do campeonato. As coisas podem correr bem, mas é muito provável que dê tudo errado.

Entretanto, no caso da aviação, existe uma diferença. Antes de os pilotos ligarem os motores, eles se submetem a uma disciplina rigorosa – do tipo que a maioria dos demais profissionais evita. Eles fazem questão de se apresentar um ao outro e à tripulação da cabine. Conversam rapidamente entre si, discutindo o plano de voo, expondo eventuais preocupações e definindo como resolveriam possíveis problemas. E, ao observar esse protocolo – ao qual dedicam não mais que uns poucos minutos –, as pessoas responsáveis pelo voo não só garantem que o avião está pronto para voar, mas também se transformam em uma equipe de voo, preparada de maneira sistemática para enfrentar imprevistos.

Acho que nós, leigos, não compreendemos como teria sido fácil para Sullenberger e para Skiles ignorar todos esses preparativos. A equipe, em conjunto, tinha mais de 150 anos em experiência de voo – 150 anos repassando checklists repetidas vezes, exaustivamente, além da prática em simuladores e do estudo das atualizações anuais. A rotina pode parecer inútil na maioria das vezes. Nenhum deles jamais estivera envolvido em um acidente aéreo e todos esperavam concluir suas carreiras sem passar por essa experiência. Consideravam remotas as chances de algo dar errado, muito mais remotas que profissionais de medicina, mercado financeiro, advocacia ou outras áreas consideram. Porém, mesmo assim, não negligenciavam as verificações de rotina, ou seja, seus checklists.

Mas poderia ter sido diferente. Na década de 1970, alguns pilotos comerciais se rebelaram ostensivamente contra as rotinas de segurança, por mais bem elaboradas que fossem. "Nunca enfrentei nenhum problema", diziam. Ou "Sou o comandante. Este avião é meu. Não vou perder tempo com besteiras." E foi por essas e outras que, em 1977, aconteceu o terrível desastre de Tenerife, o acidente mais mortal em toda a história da aviação. Duas aeronaves Boeing 747 colidiram em alta velocidade, sob nevoeiro, numa pista do aeroporto das ilhas Canárias, matando 583 pessoas a bordo. O capitão de um dos aviões, num voo da KLM, compreendera mal as instruções da torre de controle sobre a liberação para decolagem e ignorou a dúvida do engenheiro de voo, para quem as instruções foram confusas. Na verdade, havia um voo da Pan Am ainda taxiando na mesma pista, na direção oposta.

– Aquele avião da Pan Am já saiu da pista? – perguntou o engenheiro de voo ao comandante.

– Ah, sim – insistiu o comandante e continuou avançando na pista.

O comandante estava errado. O engenheiro de voo sentiu isso. Mas eles não estavam preparados para o momento. Não haviam cumprido a rotina que os transformaria em equipe. Em consequência, o engenheiro de voo não julgava que tivesse permissão, muito menos o dever, de interromper a decolagem e esclarecer a confusão. E, assim, o comandante continuou acelerando a aeronave e provocou um terrível desastre.

A resistência à observância de protocolos é consequência do medo da rigidez. A imagem que logo ocorre é a de autômatos irracionais, mergulhados sobre checklists, incapazes de olhar além do para-brisa e de enfrentar o mundo real diante deles. Porém, o que se vê quando se trabalha com checklists bem-feitos é exatamente o oposto. O checklist cuida do repetitivo, da rotina com que o cérebro não se deve ocupar (os controles dos profundores estão ligados? O paciente tomou os antibióticos na hora? Os administradores venderam suas ações? Todos estão me acompanhando?) e permite que a mente se concentre no essencial (Onde devemos pousar?).

Um dos checklists mais eficazes que já vi foi o elaborado para pane do motor num avião monomotor Cessna – a situação do voo da US Airways, só que com um único piloto. Ele se resume a seis tarefas críticas que não podem ser omitidas ao se dar nova partida no motor, passos fundamentais como verificar se a válvula de fechamento do fluxo de combustível está na posição ABERTA e deixar o botão de controle da bomba de combustível de emergência na posição ON. Mas a tarefa 1 da lista é simplesmente a mais fascinante: PILOTAR O AVIÃO. Porque os pilotos às vezes ficam tão desesperados na tentativa de dar nova partida, tão assoberbados pela sobrecarga cognitiva de descobrir o que há de errado com o motor, que se esquecem de sua principal atribuição. Isso não é rigidez, é garantir que todos tenham as melhores chances de sobrevivência.

✓

Cerca de 90 segundos após a decolagem, o voo 1549 da US Airways já passara dos 900 metros de altura quando cruzou o caminho dos gansos. O avião colidiu com os pássaros tão de repente que a reação imediata de Sullenberger foi desviar a cabeça. O som do choque das aves com o para-brisa e os motores foi bastante alto para ser captado pelo gravador de voz da cabine de comando. Conforme foi observado depois pelas reportagens de jornal, os aviões já atingiram centenas de milhares de aves sem incidentes. No entanto, colisões nas duas turbinas ao mesmo tempo são raras. Ainda assim, as turbinas de jatos são feitas para suportar choques com a maioria das aves, mais ou menos as lique fazendo. Porém, os gansos do Canadá são pássaros de porte superior à média, muitas vezes com cerca de 5 quilos. Nenhum motor resiste a eles. As turbinas de jatos são projetadas para parar depois de sugerem uma dessas aves, sem explodir nem disparar estilhaços na direção das asas ou da fuselagem. Foi exatamente o que aconteceu com os motores do A320 quando sofreram o impacto, numa das mais raras de todas as situações – pelo menos três gansos atingiram as duas turbinas e elas pararam imediatamente de funcionar.

Logo em seguida à colisão, Sullenberger tomou duas importantes decisões: primeiro, assumir a pilotagem, até então com o copiloto, Skiles, e, segundo, pousar no Hudson.[9] Ambas as escolhas pareciam inequívocas na hora e foram quase instintivas. Em cerca de um minuto, ficou evidente que o avião estava muito devagar para chegar ao La Guardia ou à pista de Teterboro, em Nova Jersey, oferecida pelos controladores de voo. Quanto a assumir a pilotagem, tanto ele quanto Skiles tinham décadas de experiência, mas Sullenberger acumulara muito mais horas de voo no A320. Além disso, todos os principais marcos terrestres a serem evitados – os arranha-céus de Manhattan, a ponte George Washington – estavam no lado da janela esquerda. Por fim, Skiles acabara de completar o treinamento de emergência no A320 e estudara mais recentemente os checklists de que precisariam naquela situação.

– Meu avião – disse Sullenberger, usando a linguagem-padrão, ao assumir os controles.

– Seu avião – repetiu Skiles.

Piloto e copiloto não debateram o que fazer em seguida. E não havia necessidade. Os preparativos anteriores ao voo os transformaram em equipe. Sullenberger procuraria a área de pouso mais próxima e segura possível. Skiles percorreria os checklists de pane e verificaria a possibilidade de reativar os motores. À exceção da voz computadorizada do sistema de advertência de proximidade do solo, repetindo "Suba. Suba. Suba. Suba", a cabine de comando estava quase em silêncio enquanto cada piloto se concentrava em suas tarefas e observava o trabalho do outro, à espera de pistas que os mantivessem sintonizados.

Ambos desempenharam papéis cruciais na situação. Imaginamos os copilotos como se fossem supérfluos – substitutos incumbidos de algumas tarefas para que tenham algo a fazer. Porém, considerando a complexidade dos aviões modernos, eles são tão fundamentais para o sucesso dos voos como os anestesistas para o êxito das cirurgias. Piloto e copiloto se alternam nos controles do voo, no manejo dos equipamentos e nas atribuições referentes aos checklists. E, quando surge algum problema ou emergência, não é fácil dizer qual das duas funções é mais difícil. O avião planaria por apenas mais três minutos e meio. Nesse ínterim, Skiles precisava ter a certeza de que fizera todo o possível para religar os motores, ao mesmo tempo que preparava a aeronave para pousar no rio, se não tivesse êxito na primeira empreitada. Mas as tarefas necessárias apenas para acionar um motor demoravam mais do que isso. Ele teria que fazer algumas escolhas.

Enquanto o avião mergulhava, ele concluiu que teriam melhores chances de sobrevivência com um motor funcionando. Assim, decidiu se concentrar quase que inteiramente no checklist de pane do motor e de percorrê-lo tão rápido quanto possível. A extensão dos danos nos motores era desconhecida, mas recuperar apenas parte da potência já seria suficiente para levar o avião até um aeroporto. No fim das contas, Skiles ainda conseguiu tentar a repartida dos dois motores, algo que, posteriormente, os investigadores consideraram "muito notável" no pouco tempo disponível – e algo que julgaram difícil reproduzir em simulação.[10]

Mesmo assim, Skiles não ignorou o procedimento de pouso. Não teve tempo de fazer tudo o que estava previsto nos checklists, mas enviou os sinais de alerta e se assegurou de que o avião esti-

vesse configurado de maneira adequada para um pouso de emergência na água.
 – Flaps abertos? – perguntou Sullenberger.[11]
 – Flaps abertos – respondeu Skiles.
Sullenberger se concentrou em planar o avião até a água. Mas, mesmo nisso, ele não estava sozinho. Como o jornalista e piloto Willian Langewiesche observou depois, o sistema de controle *fly--by-wire* do avião foi concebido para ajudar os pilotos a executar uma planagem perfeita sem precisar de habilidades excepcionais, eliminando desvios e oscilações, coordenando automaticamente o leme com a movimentação das asas e mostrando na tela do piloto um ponto verde a ser mirado como alvo para uma descida suave.[12] Ele também mantém o ângulo ideal para garantir a sustentação, evitando que o avião acidentalmente atinja "ângulos radicais" durante o voo, o que acarretaria a perda da capacidade de planar. O sistema o liberou para se concentrar em outras tarefas críticas, como descobrir um local de pouso entre as barcas, proporcionando aos passageiros as melhores chances de socorro, e manter o nivelamento das asas ao atingir a superfície da água.

Enquanto isso, as três comissárias de bordo na cabine – Sheila Dail, Donna Dent e Doreen Welsh – também seguiam seus protocolos para essas situações. Mandaram que os passageiros abaixassem a cabeça e abraçassem as pernas para melhor suportarem o impacto. Depois do pouso, ao verem a água entrando pelas janelas, as comissárias de bordo deram instruções para que todos vestissem os coletes salva-vidas, abriram as portas o mais rapidamente possível, após a parada da aeronave, insistiram para que os passageiros não perdessem tempo com suas bagagens de mão e os instruíram para que ninguém inflasse os coletes salva--vidas dentro da aeronave, dificultando a própria saída e a dos outros. Welsh, postada na extremidade traseira, teve que chapinhar na água gelada que invadia a fuselagem e já estava acima de sua cintura. Somente duas das quatro saídas ofereciam acesso seguro. No entanto, trabalhando juntas, elas retiraram todos os passageiros do avião em apenas três minutos – exatamente como aprenderam em seu treinamento.

Enquanto a aeronave era esvaziada, Sullenberger dirigiu-se à cabine de passageiros para verificar os procedimentos de evacuação e para avaliar as condições da fuselagem. Skiles continuou na cabine de comando para percorrer o checklist de esvaziamento da aeronave – garantindo a eliminação de possíveis focos de incêndio, por exemplo. Apenas depois de tudo concluído ele deixou a cabine de comando. Nesse meio-tempo, a flotilha de embarcações que acorreram em socorro se mostrou mais que suficiente para retirar todas as pessoas da água. O ar existente nos tanques de combustível, parcialmente cheios, manteve o avião estável e à tona. Sullenberger teve tempo para uma última verificação do avião. Percorreu os corredores da cabine de passageiros para se certificar de que ninguém havia sido esquecido e, por fim, saiu da aeronave.

Tudo se desenrolou de maneira surpreendentemente tranquila. Após o pouso, Sullenberger declarou: "O copiloto Jeff Skiles e eu viramos um para o outro e, quase em uníssono, dissemos: 'Até que não foi tão ruim quanto imaginei.'"[13]

Depois de saber disso tudo, como determinar quem foi o herói? Sem dúvida, houve algo de miraculoso nesse voo. A sorte desempenhou um papel muito importante. O acidente ocorreu à luz do dia, permitindo que os pilotos identificassem um trecho do rio seguro para o pouso. Muitos barcos estavam nas imediações para socorrer os passageiros antes que acontecessem casos de hipotermia. A colisão com as aves ocorreu em altitude suficiente para que o avião não se chocasse com a ponte George Washington. O avião também pousou rio abaixo em vez de rio acima ou no mar, o que limitou os danos resultantes do impacto com a água.

Entretanto, mesmo com a sorte a favor, ainda havia a possibilidade de que se perdessem 155 vidas naquele dia. Porém, o que as salvou foi algo mais excepcional, difícil e crucial, e, sem dúvida, mais heroico que habilidades e qualificações individuais. A tripulação do voo 1549 da US Airways demonstrou extrema capacidade de observar procedimentos vitais no momento mais crítico, manter a calma, reconhecer onde era preciso improvisar e onde era necessário *não* improvisar. Todos sabiam o que fazer e como agir numa situação de grande complexidade e perigo, e todos sabiam que deveriam agir como uma equipe.

Esse é o significado de ser herói na era moderna. Essas são as qualidades raras a serem compreendidas e cultivadas em qualquer lugar do mundo.

✓

Todas as ocupações têm um padrão de profissionalismo, um código de conduta. É nele que se definem seus ideais e deveres. Os códigos, às vezes, são expressos por escrito; outras vezes, são apenas tácitos, implícitos. Mas todos eles têm pelo menos três elementos em comum.

Primeiro, há uma expectativa de altruísmo: ao aceitarmos a responsabilidade pelo próximo, nós – médicos, advogados, professores, autoridades públicas, soldados ou pilotos – devemos considerar as necessidades e os interesses dos que dependem de nós acima de nossos próprios interesses. Segundo, há uma expectativa de habilidade: almejaremos a excelência em nossos conhecimentos e qualificações. Terceiro, há uma expectativa de confiabilidade: procederemos de modo responsável em relação às nossas atribuições.

Os aviadores, contudo, acrescentam uma quarta expectativa: disciplina para seguir procedimentos prudentes e atuar em conjunto com outros membros da equipe. Esse é um conceito quase que totalmente fora do léxico da maioria das profissões, inclusive a minha. Em medicina, cultivamos a "autonomia" como uma estrela guia, princípio que se choca diretamente com o da disciplina. Porém, num mundo em que o sucesso exige grandes empreendimentos, equipes de clínicos, tecnologias de alto risco e um nível de conhecimento que ultrapassa as habilidades pessoais de qualquer profissional, a autonomia individual de modo algum parece ser um ideal a ser almejado. Sua aura é mais de protecionismo que de excelência. O mais perto que nossos códigos profissionais chegam da articulação desse objetivo é o apelo ocasional ao "coleguismo". No entanto, além de ser imprescindível que as pessoas que trabalham juntas sejam agradáveis umas com as outras, elas também devem ter disciplina.

Disciplina é difícil – mais difícil que confiabilidade e habilidade, e talvez mais até que altruísmo. Somos, por natureza, criaturas falíveis e inconstantes. Não fomos feitos para a disciplina. Estamos mais interessados em novidades e em diversões, não em atenção cuidadosa aos detalhes. Disciplina é algo a ser cultivado.

Talvez seja essa a razão pela qual a aviação exigiu instituições que convertessem a disciplina em norma. O checklist anterior ao voo começou como invenção de um grupo de pilotos do Exército americano na década de 1930, mas o poder dessa descoberta originou organizações inteiras. Nos Estados Unidos, hoje temos o Conselho Nacional de Segurança dos Transportes, responsável pela análise dos acidentes, que tem como objetivo determinar com independência suas causas e recomendar como evitá-las. Também temos regulamentos de âmbito nacional para garantir que essas recomendações sejam incluídas em checklists práticos e confiáveis, adotados com consistência, de maneira a efetivamente reduzir os danos.

É claro que os checklists não devem se converter em imposições calcificadas, que inibam em vez de ajudar. Até os mais simples exigem revisões frequentes e aprimoramentos constantes. Os fabricantes de aviões inserem a data de emissão em todos os checklists, prática que tem sua razão de ser: o checklist deve mudar com o passar do tempo. Afinal, é apenas uma ajuda. Se não contribui para a eficácia dos procedimentos, algo está errado. Porém, se de fato for útil para alguma coisa, devemos estar dispostos a adotá-lo.

Recorremos à ajuda do computador com muito mais disposição. Essas máquinas nos oferecem a perspectiva de automação como nosso baluarte contra falhas. Com efeito, são capazes de nos aliviar de uma carga enorme de tarefas rotineiras – tarefas de cálculo, processamento, armazenamento, transmissão. Sem dúvida, a tecnologia aumenta nossa capacidade. Mas há muita coisa que a tecnologia não pode fazer: lidar com o imprevisível, gerenciar a incerteza, construir um arranha-céu, realizar uma cirurgia complexa. Sob muitos aspectos, a tecnologia complicou essas atividades ao adicionar outros elementos de complexidade aos sistemas de que dependemos e ensejar tipos totalmente novos de falhas a serem evitadas.

Uma das características essenciais da vida moderna é o fato de que todos dependemos de sistemas – de conjuntos de pessoas ou de tecnologias, ou de ambos –, e garantir o funcionamento eficaz desses conjuntos é uma de nossas maiores dificuldades. Na medicina, por exemplo, se eu quiser que meus pacientes recebam o melhor atendimento possível, além de me comprometer a executar um bom trabalho, todo um conjunto de diferentes componentes deve, de alguma maneira, se integrar com eficácia. Sob esse aspecto, a assistência médica é como um automóvel, observa Donald Berwick, presidente do Instituto para a Melhoria da Assistência Médica em Boston e um dos maiores pensadores sobre sistemas em medicina. Em ambos os casos – automóveis e assistência médica –, não basta contar com ótimos componentes.

Na medicina, temos obsessão pela excelência dos componentes – os melhores medicamentos, os melhores aparelhos, os melhores especialistas –, mas prestamos pouca atenção em como garantir um bom entrosamento entre as partes. Berwick enfatiza como essa abordagem é inadequada: "Qualquer pessoa que conheça sistemas sabe que otimizar as partes não é um bom caminho para a excelência do todo." E dá o exemplo de um famoso experimento mental de tentar produzir o melhor automóvel do mundo mediante a montagem das melhores autopeças. Conectaram o motor de uma Ferrari, os freios de um Porsche, a suspensão de uma BMW e a carroceria de um Volvo. "O produto, evidentemente, nem de longe se aproximou de um ótimo carro. Conseguimos apenas uma pilha de sucata muito cara."

Entretanto, na medicina, é exatamente isso que fazemos. Temos Institutos Nacionais de Saúde que custam US$ 30 bilhões por ano e que atuam como extraordinárias sementeiras de descobertas médicas. Mas não temos um Instituto Nacional de Inovações em Sistemas de Saúde, que estude como incorporar da melhor forma essas descobertas na prática do dia a dia – não contamos com nada equivalente ao Conselho Nacional de Segurança dos Transportes, que analise os erros e as omissões na medicina da mesma maneira que fazem os investigadores de desastres em aviação; tampouco temos uma Boeing atualizando constantemente os checklists ou uma agência acompanhando os resultados mensais.

O mesmo pode ser afirmado em relação a numerosos outros campos. Não analisamos fracassos rotineiros em educação, em advocacia, em programas governamentais, no setor financeiro e em muitas outras áreas. Não examinamos os padrões de nossas falhas recorrentes nem desenvolvemos e aprimoramos possíveis soluções para esses erros reiterados.

Mas poderíamos fazer isso, e aí está a grande questão. Todos estamos sujeitos a falhas – ao desconsiderarmos sutilezas, negligenciarmos conhecimentos e até ao cometermos erros grosseiros. Em geral, supomos que pouca coisa pode ser feita além de trabalhar com mais afinco para identificar o problema e eliminar suas causas. Não temos o hábito de raciocinar como os pilotos do Exército ao observarem seu novo bombardeiro Modelo 299 – máquina tão complexa que ninguém sabia ao certo se seres humanos seriam capazes de pilotá-la. Eles também poderiam decidir "apenas se esforçar mais" ou menosprezar o acidente como uma falha de um piloto "fraco". Em vez disso, porém, eles optaram por aceitar a falibilidade. E, assim, reconheceram a simplicidade e a eficácia do checklist.

Nós também podemos agir da mesma maneira. Aliás, diante da complexidade do mundo, esse é nosso dever. Não há outra escolha. Quando examinamos com cuidado, constatamos que até os melhores profissionais cometem os mesmos erros. Conhecemos os padrões. Também sabemos quais são as consequências. É hora de tentar algo novo.

Vamos experimentar o checklist.

9
A salvação

No primeiro semestre de 2007, assim que nosso checklist de cirurgia começou a tomar forma, passei a usá-lo em minhas próprias operações. Fiz isso não porque o considerasse necessário, mas porque queria me certificar de que ele era realmente viável. É claro que eu também não queria parecer hipócrita. Estávamos na iminência de experimentá-lo em oito cidades espalhadas pelo mundo. Seria bom que também eu o adotasse. Porém, no fundo de meu coração, será que eu achava que o checklist faria muita diferença nas minhas cirurgias? Nas *minhas* cirurgias? Por favor!

Entretanto, para minha decepção, ainda não houve uma semana em que a orientação do checklist não nos levasse a detectar algo que teríamos omitido nas cirurgias. Só para dar um exemplo, na semana passada pegamos três omissões em cinco casos.

Uma paciente não havia tomado o antibiótico antes da incisão, uma de nossas falhas mais comuns. A equipe de anestesia se deixou distrair por problemas comuns. Tiveram dificuldade em encontrar uma boa veia para a injeção intravenosa e a imagem de um dos monitores não estava muito boa. Até que a enfermeira pediu um intervalo para que a equipe repassasse o checklist "Antes da Incisão".

"O antibiótico foi administrado nos últimos 60 minutos?", perguntei, lendo o checklist afixado num quadro na parede.

"Ah, sim. É... será dado", respondeu o anestesista residente. Esperamos um minuto em silêncio para que o medicamento fluísse na corrente sanguínea antes de o instrumentador me entregar o bisturi.

Outra paciente se recusou a tomar o antibiótico, pois esse tipo de medicamento lhe provocava desconforto intestinal e candidíase. Ela compreendia os benefícios, mas a probabilidade de infecção bacteriana naquela operação era baixa – cerca de 1% – e ela estava disposta a correr o risco. No entanto, ministrar o antibiótico era tão automático que em duas ocasiões quase lhe injetamos o medicamento, apesar das objeções dela e de nossa decisão em contrário. A primeira foi antes de ela adormecer, quando ela própria pegou o erro. A segunda foi impedida pelo checklist. Quando demos a palavra a todos na sala para que se manifestassem a respeito da operação, a enfermeira lembrou que não daríamos o antibiótico. A anestesista reagiu com surpresa. Ela não estivera lá durante a conversa anterior e estava a ponto de aplicar o antibiótico.

A terceira omissão foi com uma mulher na casa dos 60 anos que seria operada no pescoço para a remoção de metade da tireoide, por causa de um câncer potencial. Ela já enfrentara diversos problemas médicos e teria que tomar vários medicamentos para evitar complicações. Também fora fumante inveterada durante muito tempo, mas parecia que as consequências remanescentes não tinham sido muito danosas, pois ela conseguia subir dois lances de escada sem sentir falta de ar nem dores no peito. De modo geral, ela parecia bem. Os pulmões tinham bom aspecto e não chiavam durante a auscultação. Os registros não acusavam patologias pulmonares. Porém, ao conversar com o anestesista antes da cirurgia, a paciente se lembrou de que tivera problemas respiratórios depois de duas cirurgias anteriores e de que necessitara de oxigênio em casa durante várias semanas. Num dos casos, ela precisou ficar algum tempo na UTI.

Aquela era uma preocupação séria. O anestesista conhecia esses antecedentes, mas eu não – até repassarmos o checklist. Quando chegou a hora de todos falarem, o anestesista perguntou por que eu não estava planejando observar a paciente por mais tempo que apenas as poucas horas costumeiras depois da cirurgia, considerando seus problemas respiratórios.

"Que problemas respiratórios?", perguntei, espantado. E toda a história veio à tona. Providenciamos a permanência dela no hospital para observação. Além disso, fizemos nebulização durante e depois da cirurgia para evitar complicações respiratórias. Tudo correu maravilhosamente bem. Ela nunca precisou de oxigênio extra.

Por mais rotineiras que sejam as cirurgias, cada paciente é único. Porém, com a adoção do checklist, detectamos alergias a remédios até então ignoradas, problemas com equipamentos, confusões sobre medicamentos, erros nos rótulos de material para biópsia. Melhoramos nossos planejamentos e nossas condições para operar os pacientes. Não sei ao certo quantas questões envolvendo grandes riscos para o paciente teriam passado despercebidas sem o checklist. Porém, mesmo sem o checklist, não estávamos totalmente desprovidos de defesas. Nosso esforço costumeiro para nos mantermos vigilantes e atentos talvez tivesse identificado alguns dos problemas detectados pelo checklist. E os que não pegássemos talvez não tivessem sido prejudiciais para os pacientes.

Tive um caso, contudo, em que o checklist efetivamente salvou a vida do paciente. O Sr. Hagerman, como o chamaremos, tinha 53 anos, era pai de dois filhos e presidente de uma empresa local. Eu o levara para a mesa de cirurgia com o objetivo de remover sua glândula suprarrenal direita, em consequência de um tumor que estava crescendo dentro dela, denominado feocromocitoma. Tumores como esse provocam a secreção de níveis perigosos de adrenalina e podem ser de difícil remoção. Eles são extremamente raros. Porém, nos últimos anos desenvolvi, além da minha prática em cirurgia geral, interesse e expertise especiais por cirurgia endocrinológica. Já extraí cerca de 40 tumores suprarrenais sem complicações. Assim, quando o Sr. Hagerman me consultou sobre aquela estranha massa em sua suprarrenal direita, senti-me muito confiante quanto à minha capacidade de ajudá-lo. Sempre há o risco de complicações sérias, como expliquei a ele – o principal risco ocorre quando se está retirando a glândula da veia cava, o principal vaso que leva o sangue de volta ao coração, porque qualquer dano a ela pode provocar grave hemorragia, com risco de morte. Mas a probabilidade era baixa, como lhe garanti na ocasião.

No entanto, quando se está na sala de operações, ou se tem uma complicação ou não se tem. E naquele dia eu tive.

Eu estava fazendo a operação por laparoscopia, extraindo o tumor com instrumentos e observando tudo num monitor de vídeo, por meio da câmera de fibra óptica que inserimos no Sr. Hagerman. Tudo corria bem. Levantei o fígado, tirando-o do caminho, e, embaixo, encontrei a massa macia, amarelo-escura. Comecei a dissecá-la da veia cava e, embora isso exigisse muito cuidado, o ato não me pareceu anormalmente difícil. O tumor estava quase separado quando ocorreu algo que nunca acontecera antes: fiz um corte na veia cava.

Isso é uma catástrofe. O efeito teria sido o mesmo se eu tivesse feito um buraco diretamente no coração do Sr. Hagerman. A hemorragia daí resultante foi terrível. Ele perdeu quase todo o volume de sangue do corpo pelo abdômen em cerca de 60 segundos e sofreu uma parada cardíaca. Minha reação foi instantânea. Fiz uma enorme incisão para abrir o peito e a barriga da maneira mais ampla possível. Segurei o coração com as mãos e comecei a comprimi-lo de forma intercalada a fim de manter o fluxo de sangue para o cérebro. O residente que me ajudava apertou a veia cava para diminuir a vazão. Porém, com a pressão dos dedos, eu sentia o coração se esvaziar.

Pensei que tudo estivesse acabado, que nunca tiraríamos o Sr. Hagerman da sala de cirurgia vivo, que eu o matara. Mas havíamos percorrido o checklist no começo da operação e, quando chegamos à parte em que eu deveria discutir a perda sanguínea para a qual a equipe deveria estar preparada, eu disse: "Não espero muita perda de sangue. Nunca perdi mais de 100 cm^3." Eu estava confiante e ansioso por aquela cirurgia. Mas acrescentei que o tumor estava pressionando a veia cava e que uma grande perda de sangue era, pelo menos em tese, uma possibilidade. A enfermeira interpretou minhas palavras como sugestão para se certificar de que quatro bolsas de hemácias já estivessem separadas no banco de sangue, como seria de esperar – "apenas por precaução", como ela disse.

O banco de sangue já havia providenciado as quatro unidades. Assim, como resultado dessa única verificação, o checklist salvou a vida do meu paciente.

Igualmente poderoso, no entanto, foi o efeito que a rotina do checklist – a disciplina – exerceu sobre todos nós. De todas as pessoas na sala de operações quando iniciamos a cirurgia – o anestesista, a enfermeira de anestesia, o cirurgião residente, a enfermeira de assepsia e instrumentação, a enfermeira-chefe e o estudante de medicina –, eu tinha trabalhado com apenas duas antes e só conhecia bem o residente. Porém, à medida que cada um de nós se apresentava, sentia-se que os presentes demonstravam cada vez mais atenção e interesse. Confirmamos o nome do paciente na pulseira de identificação e todos concordamos em relação a que suprarrenal seria operada. O anestesista afirmou que não tinha nenhuma questão importante a mencionar antes do início da cirurgia, no que foi seguido pelas enfermeiras. Confirmamos que os antibióticos tinham sido aplicados, que o paciente estava agasalhado, que as botas infláveis haviam sido calçadas nele para evitar o desenvolvimento de coágulos. Entramos na sala como estranhos, mas, quando o bisturi cortou a pele dele, éramos uma equipe.

Portanto, quando rasguei a veia e provoquei o desastre que desabou sobre nós, todos se mantiveram calmos. A enfermeira-chefe disparou o alarme, convocando mais profissionais, e recebeu as bolsas de sangue quase instantaneamente. O anestesista começou a injetar sucessivas unidades de sangue no paciente. Forças se arregimentaram para trazer os equipamentos adicionais que eu solicitara, para procurar o cirurgião vascular que eu havia requisitado, para ajudar o anestesista a obter mais acesso intravenoso, para manter o banco de sangue de prontidão. E, em uníssono, a equipe conseguiu para mim – e para o paciente – um tempo precioso. Acabamos transfundindo-lhe mais de 30 bolsas de sangue – ele perdeu três vezes o volume de sangue que continha no corpo. E, com os olhos no monitor acompanhando a pressão arterial e minhas mãos comprimindo o coração, mantivemos a circulação sanguínea. O cirurgião vascular e eu tivemos tempo para encontrar uma maneira eficaz de fechar a abertura na veia cava. Senti o coração dele batendo por conta própria. Finalmente, fizemos as suturas e fechamos a abertura. O Sr. Hagerman sobreviveu.

Não posso fazer de conta que ele saiu incólume. O período prolongado de pressão arterial baixa danificou um nervo óptico e o deixou praticamente cego de um olho. Ele só saiu do respirador mecânico depois de alguns dias. E ficou sem trabalhar durante meses. Fiquei arrasado pelo que fizera aquele senhor passar. Apesar dos mais sinceros pedidos de desculpas a ele e à família e não obstante meus esforços para retornar à rotina diária, só depois de muito tempo me recuperei e voltei a me sentir tranquilo durante as cirurgias. Ainda não consigo fazer uma cirurgia do mesmo tipo sem me lembrar do Sr. Hagerman, e isso é bom. Até busquei aprimorar as técnicas desse tipo de cirurgia, na tentativa de descobrir melhores maneiras de proteger a veia cava e de evitar a repetição de acidentes como aquele.

Porém, mais do que isso, em consequência da cirurgia do Sr. Hagerman, tornei-me grato ao checklist por sua contribuição para a cirurgia segura. Não gosto de pensar em como o caso poderia ter sido bem pior. Não consigo me imaginar saindo da sala de cirurgia e procurando os familiares para lhes dizer que o Sr. Hagerman não sobrevivera.

Conversei com o Sr. Hagerman há pouco tempo. Ele vendera a empresa com grande sucesso e estava em vias de constituir outro negócio. Trabalhava três dias por semana e estava até dirigindo.

"Preciso ficar atento a meu ponto cego, mas me viro bem", ele disse.

Não parece ter ficado ressentido nem com raiva, o que para mim é algo extraordinário. "Considero-me com sorte por estar vivo", insistiu.

Perguntei-lhe se me daria permissão para contar a história dele.

"Sim", respondeu. "Eu ficaria feliz com isso."

Agradecimentos

Como este livro envolveu pesquisas em vários campos além de minha expertise, o número de pessoas a quem sou grato é muito grande.

Em primeiro lugar, estão aquelas que me ajudaram a tomar como ponto de partida minhas observações esparsas sobre fracassos e checklists e reuni-las na forma de livro. Minha agente, Tina Bennett, viu as possibilidades imediatamente e defendeu o livro desde o momento em que conversei pela primeira vez com ela sobre meu fascínio crescente por checklists. Meu editor na *The New Yorker*, o indispensável Henry Finder, mostrou-me como dar mais estrutura à minha versão inicial e mais coerência ao meu raciocínio. Laura Schoenherr, minha brilhante e incansável assistente de pesquisa, encontrou quase todas as fontes deste livro, verificou os fatos, ofereceu sugestões e preservou minha honestidade. Roslyn Schloss providenciou uma meticulosa edição e garantiu a imprescindível revisão final. Na Metropolitan Books, Riva Hocherman repassou o texto com inteligência inspirada e me deu conselhos cruciais em todas as fases do desenvolvimento do livro. Acima de tudo, tive o apoio de Sara Bershtel, editora da Metropolitan, com quem trabalho há quase uma década. Inteligente, rigorosa e persistente, ela passou o pente fino em várias versões e me salvou de numerosos erros de tom e de raciocínio, ao mesmo tempo que conduzia o livro ao longo de todas as fases do processo de produção, com grande eficiência.

Quanto às ideias subjacentes e às histórias e às experiências que as enriquecem, tenho que agradecer a muitos. Donald Berwick ensinou-me a ciência da melhoria dos sistemas e abriu meus olhos para as possibilidades dos checklists em medicina. Peter Pronovost foi uma fonte crucial de ideias, com seu trabalho pioneiro sobre UTIs. Lucin Leape, David Bates e Berwick foram as pessoas que indicaram meu nome à Organização Mundial da Saúde. Liam Donaldson, diretor de Segurança de Pacientes na OMS, que lançou e promoveu a campanha global da entidade para diminuir a quantidade de mortes em cirurgias, foi bastante gentil ao me convocar como líder da iniciativa e depois me mostrar o que realmente significa liderança em saúde pública. Paulin Philip, diretora executiva de Segurança de Pacientes da OMS, não aceitou minha recusa inicial e se mostrou extraordinária tanto na dedicação quanto na eficácia com que executou o trabalho que agora se estendeu a dezenas de países.

Na OMS, Margaret Chan, diretora geral; Ian Smith, assessor dela; David Heymann, dircetor geral adjunto; e Tim Evans, diretor geral assistente, todos foram esteios indispensáveis. Também sou muito grato a Gerald Dziekan, com quem trabalhei quase que diariamente durante os últimos três anos, e a Vivienne Allan, Hilary Coates, Armorel Duncan, Helen Hughes, Sooyeon Hwang, Angela Lashoher, Claire Lemer, Agnes Leotsakos, Pat Martin, Douglas Noble, Kristine Stave, Fiona Stewart-Mills e Julie Storr.

Na Boeing, Daniel Boorman se destacou como parceiro essencial num trabalho que agora se ampliou, passando a abranger o projeto, o teste e a implementação de checklists clínicos para melhorar a segurança em partos, em controle de infecções diarreicas, em crises em salas de cirurgia, em gestão de pacientes com gripe H_1N_1 e em outras áreas. Jamie e Christopher Cooper-Hohn,

Roman Emmanuel, Mala Gaonkar e Oliver Haarmann, David Greenspan e Yen e Eeling Liow foram de um auxílio inestimável.

Na Escola de Saúde Pública de Harvard, o trio William Berry, Tom Weiser e Alex Haynes foi o pilar de aço do trabalho de desenvolvimento de checklists para cirurgias. O programa Cirurgia Segura, da OMS, que descrevi neste livro, também contou com a contribuição imprescindível de Abdel-Hadi Breizat, Lorde Ara Darzi, E. Patchen Dellinger, Teodoro Herbosa, Sidhir Joseph, Pascience Kibatala, Marie Lapitan, Alan Merry, Krishna Moorthy, Richard Reznick e Bryce Taylor, principais investigadores em nossos oito locais de estudo em todo o mundo; Bruce Barraclough, Martin Makary, Didier Pittet e Iskander Sayek, líderes de nosso grupo de consultoria científica, assim como os muitos participantes do grupo dos estudos Cirurgia Segura Salva Vidas, da OMS; Martin Fletcher e Lorde Naren Patel, da Agência Nacional de Segurança de Pacientes, do Reino Unido; Alex Arriaga, Angela Bader, Kelly Bernier, Bridget Craig, Priya Desai, Rachel Dyer, Lizzie Edmondson, Luke Funk, Stuart Lipsitz, Scott Regenbogen e meus colegas do Centro de Cirurgia e Saúde Pública da Mulher do Hospital Brigham; e da MacArthur Foundation.

Também sou profundamente grato aos muitos especialistas citados ao longo do livro, cuja generosidade e tolerância me ajudaram a explorar seus campos. Entre os anônimos até aqui estão Jonathan Katz, que me abriu a porta para o mundo da construção de arranha-céus; Dutch Leonard e Arnold Howitt, que me explicaram o furacão Katrina; Nuno Alvez e Andrew Hebert, *sous chefs* do Rialto, que me permitiram invadir a cozinha deles; Eugene Hill, que me enviou o trabalho de Geoff Smart; e Marcus Semel, colega de pesquisa que analisou os dados da Associação Médica Harvard Vanguard, mostrando a complexidade do trabalho clínico em medicina, e dados nacionais, denunciando a frequência de mortes em cirurgias. Além disso, Katy Thompson ajudou-me com as pesquisas e com a verificação de fatos que serviram de base para meu artigo na *The New Yorker*, "The Checklist", origem deste livro.

Por fim, chegamos às pessoas sem as quais minha vida como escritor, como pesquisador e como cirurgião seria impossível. Elizabeth Morse, minha diretora administrativa, se revelou insubstituível, proporcionando-me equilíbrio constante, apoio integral e orientação esclarecida. Michael Zinner, diretor do meu departamento de cirurgia no Hospital Brigham, e Arne Epstein, diretor do meu departamento de políticas e gestão de saúde, em Harvard, me apoiaram neste projeto, assim como em muitos outros até agora, durante mais de 10 anos. David Remnick, editor da *The New Yorker*, foi, acima de tudo, solidário e leal, mantendo-me no staff durante todo esse período. Não poderia ter sorte maior que contar com o apoio de todas essas pessoas extraordinárias.

Mais importantes, contudo, são os dois últimos grupos de pessoas. Primeiro, meus pacientes, tanto os que permitiram que eu contasse suas histórias aqui como os que simplesmente confiaram em mim, na tentativa de ajudá-los em seus casos médicos. Aprendi mais com eles do que com qualquer outra pessoa. E, finalmente, minha família. Minha esposa, Kathleen, e nossos filhos, Hunter, Hattie e Walker, tendem a sofrer o impacto de meus compromissos e entusiasmos cambiantes. Mas eles sempre encontraram maneiras de ceder espaço para meu trabalho, de compartilhá-lo comigo e também de me lembrar constantemente de que o trabalho não é tudo. Minha gratidão a eles é infinita.

Notas

Introdução

1. S. Gorovitz e A. MacIntyre, "Toward a Theory of Medical Fallibility", *Journal of Medicine and Philosophy* 1 (1976): pp. 51-71.

2. M. Hamilton e E. N. Thompson, "The Role of Blood Pressure Control in Preventing Complications of Hypertension", *Lancet* 1 (1964): pp. 235-239. Ver também VA Cooperative Study Group, "Effects on Treatment on Morbidity of Hypertension", *Journal of the American Medical Association* 202 (1967): pp. 1.028-1.033.

3. R. L. McNamara et al., "Effect of Door-to-Baloon Time on Mortality in Patients with ST-Segment Elevation Myocardial Infarction", *Journal of the American College of Cardiology* 47 (2006): pp. 2.180-2.186.

4. E. H. Bradley et al., "Strategies for Reducing the Door-to-Baloon Time in Acute Myocardial Infarction", *The New England Journal of Medicine* 355 (2006): pp. 2.308-2.320.

5. E. A. McGlynn et al., "Rand Research Brief: The First National Report Card on Quality of Health Care in America", Rand Corporation, 2006.

1
O problema da complexidade extrema

1 M. Thalmann, N. Trampitsch, M. Haberfellner et al., "Resuscitation in Near Drowning with Extracorporeal Membrane Oxygenation", *Annals of Thoracic Surgery* 72 (2001): pp. 607-608.

2 Maiores detalhes da análise de Marcus Semel, Richard Marshall e Amy Marston aparecerão em artigo científico a ser publicado.

3 Society of Critical Care Medicine, Critical Care Statistics in the United States, 2006.

4 J. E. Zimmerman et al., "Intensive Care Unit Length of Stay: Benchmarking Based on Acute Physiology and Chronic Health Evaluation (APACHE) IV", *Critical Care Medicine* 34 (2006): pp. 2.517-2.529.

5 Y. Donchin et al., "A Look into the Nature and Causes of Human Errors in the Intensive Care Unit", *Critical Care Medicine* 23 (1995): pp. 294-300.

6 N. Vaecker et al., "Bone Resorption Is Induced on the Second Day of Bed Rest: Results of a Controlled, Crossover Trial", *Journal of Applied Physiology* 95 (2003): pp. 977-982.

7 Centers for Disease Control, "National Nosocomial Infection Surveillance (MNIS) System Report, 2004, Data Summary from January 1992 through June 2004, Issued October 2004", *American Journal of Infection Control* 32 (2004): pp. 470-485.

8   P. Kalfon et al., "Comparison of Silver-Impregnated with Standard Multi-lumen Central Venous Catheters in Critically Ill Patients", *Critical Care Medicine* 35 (2007): pp. 2.032-2.039.

9   S. Ghorra et al., "Analysis of the Effect of Conversion from Open to Closed Surgical Intensive Care Units", *Annals of Surgery* 2 (1999): pp. 163-171.

2
O checklist

1   P. S. Meilinger, "When the Fortress Went Down", *Air Force Magazine*, outubro de 2004, pp. 78-82.

2   J. R. Clarke, A. V. Ragone e L. Greenwald, "Comparisons of Survival Predictions Using Survival Risk Ratios Based on International Classification of Diseases, Ninth Revision and Abbreviated Injury Scale Trauma Diagnosis Codes", *Journal of Trauma* 59 (2005): pp. 263-269.

3   J. V. Stewart, *Vital Signs and Resuscitation* (Georgetown, TX: Landes Bioscience, 2003).

4   S. M. Berenholtz et al., "Eliminating Catheter-Related Bloodstream Infections in the Intensive Care Unit", *Critical Care Medicine* 32 (2004): pp. 2.014-2.020.

5   M. A. Erdek e P. J. Pronovost, "Improvement of Assessment and Treatment of Pain in the Critically Ill", *International Journal for Quality Improvement in Healthcare* 16 (2004): pp. 29-64.

6 S. M. Berenholtz et al., "Improving Care for the Ventilated Patient", *Joint Commission Journal on Quality and Safety* 4 (2004): pp. 195-204.

7 P. J. Pronovost et al., "Improving Care for the Ventilted Patient", *Joint Commission Journal on Quality and Safety* 4 (2004): pp. 195-204.

8 Berenholtz et al., "Improving Care".

9 P. J. Pronovost et al., "An Intervention to Reduce Catheter-Related Bloodstream Infections in the ICU", *The New England Journal of Medicine* 355 (2006): pp. 2.725-2.732.

3
O fim do mestre de obras

1 S. Glouberman e B. Zimmerman, "Complicated and Complex Systems: What Woud Successful Reform of Medicare Look Like?", discussion paper nº 8, Commission on the Future of Health Care in Canada, Saskatoon, 2002.

2 Portfólio em www.mcsal.com.

3 Dados extraídos do *Darmouth Atlas of Health Care*, www.darmouthatlas.org.

4 R. J. McNamara, "Robert J. McNamara, SE, FASCE", *Structural Design of Tall and Special Buindings* 17 (2008): pp. 493-512.

5 Joe Morgenstern, "The Fifty-Nine-Story Crisis", *The New Yorker*, 29 de maio de 1995.

6 Dados do Censo Americano para 2003 e 2008, www.census. gov; K. Wardhana e F. C. Hadipriono, "Study of Recent Building Failures in the United States", *Journal of Performance of Constructed Facilities* 17 (2003): pp. 151-158.

4
A ideia

1 A narrativa dos acontecimentos e os dados referentes ao furacão Katrina foram extraídos de E. Scott, "Hurricane Katrina", *Managing Crises: Responses to Large-Scale Emergencies,* ed. A. M. Howitt e H. B. Leonard (Washington, D. C.: CQ Press, 2009), pp. 13-74.

2 A narrativa dos acontecimentos e os dados referentes ao modo como o Walmart gerenciou a crise do furacão Katrina foram extraídos de S. Rosegrant, "Walmart's Response to Hurricane Katrina", *Managing Crises*, pp. 379-406.

3 D. Gross, "What FEMA Could Learn from Walmart: Less Than You Think", *Slate*, 23 de setembro de 2005, http://www.slate.com/id/2126832.

4 Scott, "Hurricane Katrina", p. 49.

5 D. L. Roth, *Crazy from the Heat* (Nova York: Hyperion, 1997).

6 J. Adams e K. Rivard, *In the Hands of a Chef: Cooking with Jody Adams of Rialto Restaurant* (Nova York: William Morrow, 2002).

5
A primeira tentativa

1. T. G. Weiser et al., "An Estimation of the Global Volume of Surgery: A Modelling Strategy Based on Available Data", *Lancet* 372 (2008): pp. 139-144.

2. A. A. Gawande et al., "The Incidence and Nature of Surgical Adverse Events in Colorado and Utah in 1992", *Surgery* 126 (1999): pp. 66-75.

3. Weiser, "An Estimation", e Organização Mundial da Saúde, *World Health Report, 2004* (Genebra: WHO, 2004); ver, nesse documento: anexo, tabela 2.

4. P. K. Lindenauer et al., "Public Reporting and Pay for Performance in Hospital Quality Improvement", *The New England Journal of Medicine* 356 (2007): pp. 486-496.

5. S. Johnson, *The Ghost Map* (Nova York: Riverhead, 2006).

6. S. P. Luby et al., "Effect of Hand-washing on Child Health: A Randomised Controlled Trial", *Lancet* 366 (2005): pp. 225-233.

7. A. A. Gawande e T. G. Weiser, eds., *World Health Organization Guidelines for Safe Surgery* (Genebra, WHO, 2008).

8. M. A. Makary et al., "Operating Room Briefings and Wrong-Site Surgery", *Journal of the American College or Surgeons* 204 (2007): pp. 236-243.

9   J. B. Sexton, E. J. Thomas e R. L. Helmsreich, "Error, Stress, and Teamwork in Medicine and Aviation", *British Medical Journal* 320 (2000): pp. 745-749.

10 Ver dados preliminares apresentados em "Team Communication in Safety", *OR Manager* 19, nº 12 (2003): p. 3.

11 Makary et al., "Operating Room Briefings and Wrong-Site Surgery".

12 "'Preflight Checklist' Builds Safety Culture, Reduces Nurse Turnover", *OR Manager* 19, nº 12 (2003): pp. 1-4.

13 L. Lingard et al., "Getting Teams to Talk: Development and Prior Implementation of a Checklist to Promote Interpersonal Communication in the OR", *Quality and Safety in Health Care* 14 (2005): pp. 340-346.

6
A fábrica de checklists

1   D. J. Boorman, "Reducing Flight Crew Errors and Minimizing New Error Modes with Electronic Checklists", *Proceedings of the International Conference on Human-Computer Interaction in Aeronautics* (Toulouse: Editions Cépaudès, 2000), pp. 57-63; D. J. Boorman, "Today's Electronic Checklists Reduce Likelihood of Crew Errors and Help Prevent Mishaps", *ICAO Journal* 56 (2001): pp. 17-20.

2   National Traffic Safety Board, "Aircraft Accident Report: Explosive Decompression – Loss of Cargo Door in Flight, United Airlines Flight 811, Boeing 747-122, N4713U, Honolulu, Hawaii, February 24, 1989", Washington, D. C., 18 de março de 1992.

3   S. White, "Twenty-Six Minutes of Terror", *Flight Safety Australia*, novembro-dezembro de 1999, pp. 40-42.

4   A. Degani e E. L. Wiener, "Human Factors of Flight-Deck Checklists: The Normal Checklist", NASA Contractor Report 177549, Ames Research Center, maio de 1990.

5   Aviation Safety Reporting System, "ASRS Database Report Set: Checklist Incidents", 2009.

6   Air Accidents Investigation Branch, "AAIB Interim Report: Accident to Boeing 777-236ER, G-Ymmm, at London Heathrow Airport on 17 January 2008", Departamento de Transportes, Londres, setembro de 2008.

7   M. Fricker, "Gordon Brown Just 25 Feet From Death in Heathrow Crash", *Daily Mirror*, 18 de janeiro de 2008.

8   Air Accidents Investigation Branch, "AAIB Bulletin S1/2008", Departamento de Transportes, Londres, fevereiro de 2008.

9   Air Accidents Investigation Branch, "AAIB Bulletin S3/2008", Departamento de Transportes, Londres, maio de 2008.

10 Air Accidents Investigation Branch, "AAIB Interim Report".

11 Federal Aviation Administration, Airworthiness Directive: Boeing Model 777-200 and -300 Series Airplanes Equipped with Rolls-Royce Model RB211-TRENT 800 Series Engines, Washington, D. C., 12 de setembro de 2008.

12 E. A. Balas e S. A. Boren, "Managing Clinical Knowledge for

Health Care Improvement", *Yearbook of Medical Informatics* (2000): pp. 65-70.

13 National Library of Medicine, "Key Medline Indicators", 12 de novembro de 2008, acessado em www.nlm.nih.gov/bsd/bsd_key.html.

14 National Transportation Safety Board, "Safety Recommendations A-09-17-18", Washington, D. C., 11 de março de 2009.

7
O teste

1 Joint Commission, Sentinel Event Alert, 24 de junho de 2003.

2 R. D. Scott, "The Direct Medical Costs of Healthcare-Associated Infections in U. S. Hospitals and the Benefits of Prevention", Centers for Disease Control, março de 2009.

3 O checklist pode ser acessado em www.who.int/safesurgery.

4 Os vídeos podem ser vistos em www.safesurg.org/materials.html.

5 A. B. Haynes et al., "A Surgical Safety Checklist to Reduce Morbidity and Mortality in a Global Population", *The New England Journal of Medicine* 360 (2009): pp. 491-499.

8
O herói na era dos checklists

1. T. Wolfe, *Os eleitos* (Rio de Janeiro: Rocco, 1991).

2. H. Breiter et al., "Functional Imaging of Neural Responses to Expectancy and Experience of Monetary Gains and Losses", *Neuron* 30 (2001): pp. 619-639.

3. Wesco Financial Corporation, Securities and Exchange Commission, Form 8-K, 4 de maio de 2005.

4. G. H. Smart, "Management Assessment Methods in Venture Capital: An Empirical Analysis of Human Capital Valuation", *Journal of Private Equity* 2, nº 3 (1999): pp. 29-45.

5. Geoff Smart e Randy Street, *Quem? – A receita infalível para resolver o principal problema de sua empresa: a contratação de bons profissionais* (Rio de Janeiro: Thomas Nelson Brasil, 2009).

6. J. Olshan e eu. Livingston, "Quiet Air Hero is Capitain America", *The New York Post*, 17 de janeiro de 2009.

7. M. Phillips, "Sully, Flight 1549 Crew Receive Keys to New York City", The Middle Seat, blog, *Wall Street Journal*, 9 de fevereiro de 2009, http://blogs.wsj.com/middleseat/2009/02/09.

8. "Sully's Tale", *Air & Space*, 18 de fevereiro de 2009.

9. C. Sullenberger e J. Zaslow, *Highest Duty: My Search for What Really Matters* (New York: William Morrow, 2009).

10 Depoimento do capitão Terry Lutz, piloto de testes, Airbus, National Transportation Safety Board, "Public Hearing in the Matter of the Landing of US Air Flight 1549 in the Hudson River, Weehawken, New Jersey, January 15, 2009", 10 de junho de 2009.

11 D. P. Brazy, "Group Chairman's Factual Report of Investigation: Cockpit Voice Recorder DCA09MA026", National Transportation Safety Board, 22 de abril de 2009.

12 W. Langewiesche, "Anatomy of a Miracle", *Vanity Fair*, junho de 2009.

13 Depoimento do capitão Chesley Sullenberger, comandante do A320, US Airways, National Transportation Safety Board, audiência pública, 9 de junho de 2009.

CONHEÇA ALGUNS DESTAQUES DE NOSSO CATÁLOGO

- BRENÉ BROWN: *A coragem de ser imperfeito – Como aceitar a própria vulnerabilidade, vencer a vergonha e ousar ser quem você é* (600 mil livros vendidos) e *Mais forte do que nunca*
- T. HARV EKER: *Os segredos da mente milionária* (2 milhões de livros vendidos)
- DALE CARNEGIE: *Como fazer amigos e influenciar pessoas* (16 milhões de livros vendidos) e *Como evitar preocupações e começar a viver* (6 milhões de livros vendidos)
- GREG MCKEOWN: *Essencialismo – A disciplinada busca por menos* (400 mil livros vendidos) e *Sem esforço – Torne mais fácil o que é mais importante*
- HAEMIN SUNIM: *As coisas que você só vê quando desacelera* (450 mil livros vendidos) e *Amor pelas coisas imperfeitas*
- ANA CLAUDIA QUINTANA ARANTES: *A morte é um dia que vale a pena viver* (400 mil livros vendidos) e *Pra vida toda valer a pena viver*
- ICHIRO KISHIMI E FUMITAKE KOGA: *A coragem de não agradar – Como a filosofia pode ajudar você a se libertar da opinião dos outros, superar suas limitações e se tornar a pessoa que deseja* (200 mil livros vendidos)
- SIMON SINEK: *Comece pelo porquê* (200 mil livros vendidos) e *O jogo infinito*
- ROBERT B. CIALDINI: *As armas da persuasão* (350 mil livros vendidos) e *Pré-suasão – A influência começa antes mesmo da primeira palavra*
- ECKHART TOLLE: *O poder do agora* (1,2 milhão de livros vendidos) e *Um novo mundo* (240 mil livros vendidos)
- EDITH EVA EGER: *A bailarina de Auschwitz* (600 mil livros vendidos)
- CRISTINA NÚÑEZ PEREIRA E RAFAEL R. VALCÁRCEL: *Emocionário – Um guia prático e lúdico para lidar com as emoções* (de 4 a 11 anos) (800 mil livros vendidos)

Para saber mais sobre os títulos e autores da Editora Sextante,
visite o nosso site e siga as nossas redes sociais.
Além de informações sobre os próximos lançamentos,
você terá acesso a conteúdos exclusivos
e poderá participar de promoções e sorteios.

sextante.com.br